이 나이에

기어이

첼로를 하겠다고

이 나이에
기어이
첼로를 하겠다고

꼭 첼로 얘기만은 아닌 늦깎이 첼로 초보의 이야기

글 김현수

고고와 디디

Contents

프롤로그 사십 대는 의외로 괜찮은 나이 —6

1부 시작은 얼떨결에

악보도 못 읽는데 첼로를 배울 수 있나요? —14

음치, 박치 보다 힘든 몸치의 첼로 배우기 —22

운명이 밀어주는 대로 —28

2부 이 나이에 첼로를 배우면 생기는 일

딸의 (조용한) 복수 —34

늙은 학생은 어떻게 부르나요? —40

막 대해 주셔서 감사합니다 —47

틀려도 돼, 멈추지 마! —53

3부 매일 조금씩 첼리스트가 되어갑니다

알맹이보다 껍질 —62

참을 수 없는 존재의 무거움 —68

악기는 죄가 없다 —76

내 마음입니다 —83

사십 대 학생의 팔십 대 아버지 —90

헌 귀 줄게 새 귀 다오 —100

아프면 뭔가 잘못된 거예요 —106

실력이 미천할수록 낯짝은 두껍게 —111

4부 첼로라는 평생 친구

졸지에 스승님의 스승님이 된 사연 —118

세 분의 스승 —128

테이프를 뜯어낼 땐 (눈 질끈) 한 방에 —138

지금 내 귀에 꽂은 것은요… —144

말하는 대로 (두 첼로스 출범기) —152

에필로그   이제야 아주 조금 알 것 같아요 —160

후기 —164

프롤로그

사십 대는 의외로 좋은 나이

　인정한다. 십 대 이십 대 때, 사오십 대 아저씨 아주머니를 보면 다 산 사람들 같아 보였다는 것. 낼모레 죽을 날 받아놓았다는 말이 아니라 인생의 정말 좋은 시기, 가장 재미있고, 파이팅 넘치고, 들끓는 열정이 주체가 안 되던, 설렘과 희망으로 가득한 날들은 다 지났다는 의미다. 인생의 정점을 지나, 그냥 살아가는 나이, 꾸역꾸역, 혹은 무덤덤하게.

　하지만 막상 이 나이에 이르고 보니 좋은 점도

있다. 몸에 여기저기 탈이 나기 시작하는 건 좀 서럽지만 마음은 의외로 편안하다. 내 또래 중에도 이십 대 혹은 삼십 대로 돌아가겠냐고 물으면 싫다고 하는 이들이 대부분이다. 후회가 없다는 얘기가 아니다. '그 치열하고 힘든 시기를 다시 살라고?' 대강 이런 마음들이다.

 살아보니 인생, 뭐 그거 별거 있나, 하는 생각이 들면서 제법 느긋해진다. 생각해 보라, 초등학교, 중학교 때 1년 늦어서 (소위 1년 꿇어서) 한 살 어린애들과 같은 반에 다녀야 한다는 통보를 받는다면 온 집안이 발칵 뒤집힐 일. 요즘은 재수가 필수라지만 막상 고3이 재수하게 되면 남들보다 뒤처지는 느낌이 드는 건 어쩔 수 없을 것이며, 대학을 졸업하고 바로 취업을 못 해도 마음이 부대끼고 주위 사람들 눈치가 보일 수밖에 없다.

하지만 사십 대인 지금은?

픽, 하고 웃겠다. 까짓 일 년 정도야 뭐.

무슨 자격증 시험을 친다고 가정해보자. 마흔여섯에 패스하는 것과 마흔일곱에 패스하는 게 과연 차이가 있을까? 주위에서 '어머, 걔~ 마흔여섯에 패스 못하고, 마흔일곱에야 겨우 했다지 뭐야. 쯧쯧' 할 사람이 과연 있을까?

사십 대에는 아주 자그마한 성취만 이뤄도 대단하다고 칭찬받는다. 꼭 할 필요가 없는데 해낸 것이기 때문이다. 나이가 많아질수록 박수와 환호는 오히려 더 커진다. 팔십에 수능을 본 할머니는 유퀴즈에도 출연하지 않는가! 그러니까 마흔다섯에 첼로를 배우기 시작해서 진도가 빠르네 늦네 따지는 것 자체가 우스운 일이라는 얘기다.

그래서 나는 사십 대에 첼로를 시작해서 악보 읽는 걸 배우고, 굼벵이처럼 진도를 나가고 있지만 조금도 조급하지 않다. 한 곡을 한 달을 해도 초조하지 않고 같은 곡도 매일 새롭게 들리는 게 신기해서 오히려 다음 곡으로 빨리 넘어가고 싶지 않다. 내 생각에 제대로 못 하는 것 같은데 선생님이 다음 곡으로 넘어가자 하시면 날 포기하는 건가 싶어 섭섭할 때도 있다. 금방 때려치울지도 모른다 생각했는데 여러 가지 난관에도 불구하고 삼 년 넘도록 꾸준히 잘해오고 있다. 어느 날, 내가 정신을 놓거나 신체가 무너지기 전까지는 매일 연습해나갈 생각이다.

평균 수명이 길어지고 의학이 발전하면서 요즘 사십 대는 청춘이고 칠십 대까지도 아줌마라고 불릴 수 있는 시대가 됐다 해도, 오십 대의 문턱이 가까워지는 순간 '늙었다'는 느낌을 지우긴

어렵다.

그러니까 이제 인간들은 늙은 채로 너무나 긴 세월을 살아야 (혹은 견뎌야) 하는 시대를 살고 있다. 그래서 더더욱 이 무렵에 완전히 새로운 취미나 공부, 도전이 필요하다는 생각이다. 모든 걸 덜어내야 하는 시기에 새로운 경험을 쌓을 수 있고, 모든 게 퇴화하는 시기에 '느는 재미'를 맛볼 수 있다. 무한 재방송 같던 하루하루가 매일 새로워진다. 나보다 한참 어린 분들을 '스승'으로 모시며 젊어질 수 있고, 무엇보다 어딘가에서 신참이, 루키가, 병아리가 (워~워~) 될 수 있기 때문이다.

이것이야말로 우리 마음의 시계를 거꾸로 돌리는 일 아닌가!

1부 시작은 얼떨결에

시작은 얼떨결에

악보도 못 읽는데 첼로를 배울 수 있나요?

첼로 배우기는 무려 20여 년 전 작성한 버킷 리스트에 올라가 있는 미션이었다. 버킷 리스트 좋은 게 무엇인가? 죽기 전에만 하면 되니 시간의 압박도, 부담도 없다. 하지만 보편적으로 놀이공원 가기나 떡볶이 사 먹기를 버킷 리스트에 올리는 사람은 없으니 버킷 리스트를 채우고 있는 항목들은 대개 당장은 여의치 못하지만 언젠가는 꼭 하고 싶은 것들, 즉 좀 멋지지만 시작하기에 만만치 않은 것들이다. 죽기 전에만 하면 된다는 말도 역으로 생각해 보면 언제까지 미룰 수 없다는 말이기도 하다. 인간은 언제 죽을지 아무도 모르기 때문이다.

첼로는 입문 문턱이 낮은 악기는 아니다. 일단 덩치가 있기 때문에 악기 가격이 비싸다. 좀 해보다 아니면 말지 뭐, 하고 쉽게 시작하기엔 부담이 있다. 요즘은 옛날과 달라서 바이올린이나 발레 같은 것들이 부잣집 애들의 전유물이 아니다. 십만 원이면 중국산 바이올린을 살 수 있고, 발레도 동네 주민 센터나 백화점 문화센터에서 싸게는 월 5만 원에 시작할 수 있다.

하지만 첼로는 일단 제일 싼 악기가 60만 원 정도 한다. 중국 공장에서 찍어낸 첼로의 줄을 좀 좋은 줄로 갈면 거기에 플러스 7, 8만 원. 케이스도 아주 싸구려라 해도 30만 원 이상. 그럼, 일단 학원비를 제외하고 초기 비용만 벌써 돈 백이다. 학원을 왕성하게 다니는 중고등 학생 자녀를 둔 아줌마의 취미로 쉽게 시작할 수 있는 악기는 아니다. 거기다 백만 원씩 들였는데 한두 달 해보고 집어치우게 된다면 어쩔 것인가? 솔직히 해보기 전엔 모르는 일 아닌가. 그럼 돈은 돈대로 날리고 첼로는 당근 마켓에 헐값에 처분하거나 나의 실패의 조형물처럼 (덩치나 작은가!) 방 안에 세워둬야 한다.

그래서 '죽기 전에 언젠간 해야지.'라고 생각만 하며 첼로는 나의 버킷 리스트 속 한 줄로만 간직해 왔다. 물론 한 번씩 첼로를 해보면 어떨지 생각해 보지 않은 건 아니다. 대략 머릿속을 드나들던 생각을 정리해 보면,

*첼로를 못 할 이유

1) 초기 비용 부담

2) 중도 포기에 대한 두려움

3) 일이 몰릴 때 몰리고 없을 때 없는 프리랜서 특성상 꾸준히 연습하기 어려움

4) 내 일과 경력에 도움이 되는 취미가 아님 (한글 책, 영어 책 읽기도 바쁨)

5) 건강에 도움 되는 취미가 아님 (운동할 시간도 없다)

6) 인지 능력도 떨어지고 눈도 침침해지기 시작했음

7) 나는 악보 장님임

*해야 할 이유

1) 그냥 하고 싶다

2) 들고 다니면 좀 날 것 같다

역시나 하지 않을 이유가 압도적이었다.

그랬는데 하루는 늘 만나서 별로 할 말만 없어지면 '언젠가 첼로나 같이 배우자'고 얘기하던 친구에게서 연락이 왔다. 연습용 첼로를 제공하는 학원을 찾아냈으니 곧 한 번 직접 가본 뒤에 브리핑을 해주겠다고.

나중에 그 친구 얘기를 들어보니 그 학원 시스템이 제법 괜찮았다. 일주일에 1회 30분 (꽤 부담 없는) 수업료를 내고 레슨을 받으면 학원에 있는 첼로를 이용할 수 있고, 언제든지 시간이 날 때 아무 때나 학원 연습실에 가서 준비된 첼로로 연습을 할 수 있다는 거였다. 이러면 얘기가 달라졌다. 내가 20년간 망설인 이유였던 초기 비용과 중도 포기에 대한 부담이 동시에 해결된 것!

결국 추진력 만렙인 친구가 그 학원에 먼저 가서 시강을 받아본 뒤 나를 데리고 학원에 가주었다. 하지만 막상 그 자리에서 등록을 하자니 흥분이 되기도 했지만 걱정이 앞섰다.

"저... 악보도 못 읽는데, 첼로를 할 수 있을까요?"

"아유 글자도 읽으시잖아요. 악보는 더 쉬워

요."

 '그렇지. 글자는 읽지, 내가. 한글도 읽고, 영어도 읽고, 중국어도 읽고, 그 복잡한 한자도 읽지. 그래, 악보도 사실은 인간이 만든 기호지.'

 나는 사실 새로운 언어를 배우는 데는 두려움이 없다. 그렇게 생각하니 자신감이 올라갔다.

 학원 등록을 마친 후, 친구는 "자, 이제 책을 사야지?"하고 바로 교보문고로 나를 데려가 미리 주문해 둔 바로 드림 서비스로 교재까지 품에 안겨주었다.

 그렇게 '어, 어? 어!'하다가 얼결에 첼로에 입문하게 됐다는 이야기.

 연예인들이 데뷔 동기에 대한 질문에, '친구가 같이 가자고 해서', '그냥 친구 따라 갔다가'라고 하면 속으로 '거짓말~'하거나, '아니, 그렇게 중요한 일을 '

그렇게 얼결에 하게 된 거라고?'하며 어이없어 했는데, 나도 결국은 그렇게 시작했다는 얘기.

그래, 계획이 너무 치밀하면 오히려 시작하기 쉽지 않을 거야. 역시 '시작은 얼결에'지.

시작은 얼떨결에

음치, 박치 보다 힘든 몸치의 첼로 배우기

첫 수업 날, 학원에 가서 학원 연습용 첼로를 처음 안았을 때의 기분이란. 뭐랄까... 오랜 세월 담 넘어 훔쳐만 보며 흠모해 오던 님을 품에 안은 느낌이랄까. 악기가 크기도 하고 처음이라 어색할 줄 알았는데 품에 편안하게 쏙 들어왔다.

하지만 편안한 느낌은 딱 거기까지였다. 첼로를 부둥켜안고 가-만히 있을 때까지만.

나는 원래 몸을 쓰는 모든 것에 약하다 (아둔한 운동 신경에 대해서 엮자면 그것만으로도 책 한 권 분량을 너끈히 뽑을 자신 있다). 그런데 악기 연주가 몸을 많이 쓰는 활동이란 생각은 한 번도 해보지 않았던 것 같다.

모든 현악기가 비슷하겠지만 막상 해보니 첼로는 두 팔, 두 손을 왕성하게, 그리고 정교하게 쓰는 활동이었다. 알아주는 몸치인 나는 활을 현으로 긋는 건 고사하고 일단 활을 잡는 것조차 너무 힘들었다. 손가락에 힘을 주지 말고 엄지와 검지로 감싸듯이만 하라는데 그런 식으론 그 긴 활이 지탱조차 잘 안 됐다. 그뿐인가? 그와 동시에 왼쪽 손을 지판에서 옮겨가며 고래 심줄 같은(줄이라고 하니 진짜 줄인 줄 알았지, 질감은 두꺼운 철사에 가깝다.) 현을 정확한 위치에서 눌러줘야 했다. 피아노는 건반이 구분이라도 되어있지. 이번에 배우면서 처음 알았는데 현악기의 지판에는 음계 표시도, 눈금도, 그 아무 것도 없어서 연주자가 손가락을 벌린 간격을 기준 삼아 감으로 위치를 잡아 눌러야 한다. 그래서 초보자들은 선생님이 지판에 테이프를 붙여 주신다. 나? 당연히 덕지덕지 붙였다. 그러나 별 도움은 안 됐다. 지판을 볼 정신이 없기 때문이었다.

후배 중에 개인기로 오른손으로 주먹을 쥐고 가슴을 콩콩 두드리며 왼손 손바닥으로 가슴을 위아래로 쓸어 올리는 동작을 동시에 하는 친구가 있다. 이게 우스운 것 같아도 상당히 어렵다. 못하는 사람이 하면 바로 동네 바보 같아 보이는데, 첼로를 켜는 기본적인 동작이 내겐 이 개인기를 연상시켰다.

거기다 악보까지 읽어야 했다. 악보 까막눈이었던 나는 악보의 음표를 보고 한번에 도! 솔! 이렇게 읽는 게 불가능했다. 내가 악보를 읽는 방법은 일단 '도'의 위치를 찾은 다음, 속으로 '이게 도니까 도,레,미,파,솔'을 읊으며 한 칸, 한 줄씩 헤아려 그 음계가 무엇인지 찾는 식이었기에 악보를 읽는 데만 하루 반나절이 걸렸다.

 나는 마음이 급하고 잘하고 싶은 의욕이 클수록 심히 허둥거리며 엉기는 편인데 그러다 보니 첼로에서 아주 해괴한 소리가 났다. 활을 켤 때마다 들리는 소리는 20여 년간 소중하게 키워온 나의 꿈나무에 톱질을 하는 소리처럼 들렸다.
 '(첼로) 하지 마, 하지 마, 하지 마.'
 어떤 날은,
 '(진짜 한다고?) 이래도? 이래도? 이래도?'

 그나마 다행인 것은 초기 자본을 들이지 않아 포기에 대한 스트레스가 크지 않았다는 것이다.

'그래, 악기를 사지 않고 시작하길 정말 잘했어. 그러니까 재즈댄스를, 스쿼시를, 피아노를, 테니스를(많이도 했다) 그만두었듯이 언제든 그만둬도 괜찮아.'

시작은 얼떨결에

운명이 밀어주는대로

   첼로 학원에 다니기 시작하고 한 달이 지난 후, 개인 사정으로 제주에 내려가 살게 됐다.

   급히 알아보니 내가 살 지역에선 악기를 대여해주는 학원이 없었다. 동네의 유일한 악기 학원에서 얘기한 조건은 '개인 악기 지참.'

   초기 비용을 들이지 않고 첼로가 내게 맞는 악기인지 알아볼 수 있어서 덜컥 시작했는데!

   마치 이제 손만 겨우 잡았는데 결혼할지 헤어질지 당장 결정해야 하는 상황이었다.

하지만 20년을 벼르다 어렵게 시작한 만큼 한 달 만에 놓고 싶진 않았다. 이대로 밀고 나가야 했다.

별로 오래 고민하지 않고 최저가 (그래도 60만 원씩이나 하는) 첼로를 구입해서 제주로 내려가기로 했다. 선생님께선 60만 원짜리 연습용 첼로는 중국 공장에서 찍어내는 악기이기 때문에 현을 조금 나은 걸로 교체하는 게 좋겠다고 하셨다. 그러므로,

<악기값 60만 원 + 야가 현 8만 원, 총 68만 원>이 들어갈 예정이었다.

그리고 악기점에서 잠깐 고민했다. 기왕 돈 쓰는 거, 악기 케이스도 하나 사? 폼 나게?

60만 원짜리 악기는 검은색 자루 같은 것에 담아 주는데, 조금 과장해서 마치 시체를 담아 유기할 때나 쓸법한 바디 백처럼 생겼다.

나오는 길에 늠름하게 늘어선 악기 케이스를 그냥 지나치지 못하고 가격을 물어보니 쓸 만한 건 백만 원이라고 했다. 네? 악기가 60만 원인데 케이스가 100만 원이라고요?

바로 접었고요...

악기 값 60만 원 + 야가 현 8만 원 + 케이스 (30만 원?) 정도 생각했던 내 예산 대신,

악기 값 60만 원 + 야가 현 8만 원 ~~+ 케이스 (100만 원)~~ + 시체 유기용 바디 백 0원으로 계산을 끝내고 내 시체를, 아니, 첼로를 매고 매장을 나섰다.

그랬다.
'이제는 빼박이다.'

건강할 때나 아플 때나, 기쁠 때나 슬플 때나
아무리 때려치우고 싶은 순간이 찾아와도, 들인

본전 때문에라도 나는 첼로와 백년가약을 맺었다.

    본전 생각하면 못 할 게 없는 것이 아줌마 정신이리니. 역시 아줌마가 된 다음에 시작하길 잘했다.... 라고 잘도 갖다 붙인다.

2부 이 나이에 첼로를 배우면 생기는 일

이 나이에 첼로를 배우면 생기는 일

딸의 (조용한) 복수

    바이올린이나 첼로 초보자가 현을 그어 내는 소리를 바로 옆에서 직접 들어보지 못한 사람은 그 소리가 어떤 것인지 알지 못한다. 그 소리를 글로 묘사해 보자면 심장의 대동맥과 대정맥 사이에 막대기를 두 개 끼워 주리를 트는 느낌이랄까, 고막을 찢어발기는 느낌이랄까, 아무튼 사람을 의자에 묶어 놓고 귀에 대고 켜면 고문 도구로도 충분히 활용 가능하다는 게 개인적인 생각이다. 한 시간 두 시간을 깨워도 일어나지 못하는 우리 딸 귀에 대고 내가 첼로를 연주하기 시작하면 두 마디가 끝나기 전에

벌떡 일어나 도망치는 모습을 볼 수 있다.(그래서 첼로를 알람 시계로도 활용하고 있다.)

초보가 내는 현악기 소리가 듣기 힘들다는 건, 우리 딸이 초1 때 바이올린을 시작하면서 터득했다. 자식이 뭘 하면 앞 구르기 뒤구르기만 해도 기특한 법인데 아이가 십만 원짜리 중국산 바이올린을 장만해서 연습을 한답시고 켜대는데 정말 참기 어려웠다. 그나마 방에 들어가서 하면 '열심히 해~~' 하면서 가만히 문이라도 닫을 수 있지, 한껏 필을 받아 엄마도 좀 들어보라며 내 앞에 서서 자랑스럽게 켜기 시작하면, 바로 앞에서 두 손으로 귀를 틀어막아 상처를 줄 수도 없는 노릇. 그러면 나는 얼굴로는 필사적으로 흐뭇한 표정을 지어 보이며, 머릿속으로는 두 귀를 오려내어 우리 아파트 15층 베란다 문을 열어젖혀 멀리멀리 던져버리거나, 오려낸 귀를 3중 밀

폐 용기에 담아 저 심연 아래 가라앉히는 상상을 하며 아이의 연주가 끝나길 기다리곤 했다.

하지만 그런 유체이탈만으로도 도저히 고막이 학대 받는 고통을 참을 수 없는 날도 있었다. 편두통이 심한 날이나 일을 하는 중일 때는, "이제 그만 방에 들어가서 하면 안 되겠니?" 하는 식으로 '도저히 못 듣고 있겠다.'는 표현을 기어이 하고야 말았고, 아이는 믿을 수 없다는 표정을 지으며 상처받은 얼굴로 방에 들어가 버렸다.

그래서 친구들에게 조언했다. 웬만하면 자식에게 현악기는 시키지 말라고. 자식에 대한 사랑을 시험에 들게 하지 말라고.

그랬는데 상황이 역전되어 이제 바이올린 연주 십 년 차인 아이는 능수능란하게 듣기 좋은 소리로 연주를 하게 됐고 나는 생짜 첼로 초보자가 된 것. 그런 자의 연습 소리를 매일 견뎌야 하는 괴로움을 익히 아는 (그리고 내가 한 짓을 아는) 나는 딸에게 미안했다.

그래서 연습은 늘 사과로 시작해서 사과로 끝난다.

"미안해, 엄마 연습 좀 할게."

"응, 괜찮아."

(내가 듣기에도 고통스러운 소리 이어짐.)

"힘들지? 조금만 더하고 오늘은 그만할게."

"아니야, 괜찮아, 하고 싶은 만큼 해."

(연습을 할수록 소리가 나아져야 하는데 몸에 있는 대로 힘이 들어가고 팔다리가 아프기 시작하면 점점 더 듣기 고역스러운 소리가 난다.)

"이제 진짜 5분만 하고 그만할게. 나도 힘들어서 못 하겠다."

"아냐, 괜찮아. 첨엔 다 그래."

"어, 그래. 고마워."

딸은 고통스러운 나의 첼로 소리를 의외로 담담히 감내하며 제법 격려까지 해주어서 나는 속으로 엄청 고마웠더랬다. 그러니까 엄마가 돼서 옛날에 좀 참아주지, 반성도 했다.

그런데 어느 날 딸과 편의점에 들러 이런저런 군것질거리를 사고 계산을 하는데 아이가 계산대 위에 주황색 조그마한 물체를 탁, 올려놓았다.

"이것도 같이요."

"이게 뭐야?"

"응, 귀마개."

"……"

나중에 그 일을 단골 카페 사장님께 말씀드렸더니 이렇게 말씀하셨다.

"아, 따님이 조용히 멕이는 스타일이네요."

그랬다. 아주 조용하고 무표정한, 조금 아픈 한 방이었다.

이 나이에 첼로를 배우면 생기는 일

늙은 학생은 어떻게 부르나요?

(호칭, 그 애매하고도 민감한 것이여!)

나는 동안이다. 아니, 동안이었다. 스물여덟에 신혼집에 놓을 책상을 사러 갔을 때 판매직원이 엄마에게 물었다. '따님이 중학생인가요?' 엄마와 내가 이해를 못 하고 멀뚱멀뚱 쳐다보자, '아~~ 그럼, 고등학생??'

안다. 이 글을 읽는 분들은 '아, 그분 참 영업의 달인일세.' 하겠지만, 하늘에 맹세코 그분은 정말 그렇게 생각했던 것 같다. 앞머리를 똑딱 핀으로 대충 찌르고 떡볶이 코트를 입고 있었기 때문에 더 어려 보이기도 했겠지만 어쨌든 예전엔 어려 보인다는 소리깨나 듣고 살았다.

하지만 다 옛날 일. 지금은 내 주제를 잘 안다. 쉰을 목전에 두고 조금이라도 어려 보이려고 발악 중이다. 그런데도 사람들은 귀신 같이 내 나이를 읽어낸다.

물론 나한테 대놓고 아줌마라고 하진 않지만 지난번엔 친구와 어딜 갔는데 판매 직원 분이 자꾸만 나한테 '어머님, 어머님' 하며 따라다녔다. 딸을 데리고 간 것도 아니고, '제가 그쪽 어머님도 아니건만 왜 자꾸 어머님이라고 하시는지.'
또 한 번은 일러스트 전시가 한창인 갤러리에 가서 큐레이터분과 이야기를 나누는데 1초의 망설임도 없이 나더러 '사모님'이라고 하는 게 아닌가. 나 그날, 보이프렌드 핏 찢청에 무려 스누피 프린트 티셔츠를 입고 헐렁한 오버사이즈 재킷을 걸치고 나름 힙하게 하고 갔단 말이지.

사모님은 어머님보다 더 싫다. 아니, 고객님, 손님, 이런 편견 없는, '내가 너의 나이를 다 알아.'라는 속내가 담기지 않은 아름다운 호칭도 많지 않은가!

이 정도는 사실 애교다. 한 번은 마트에 무슨 친환경 세제 판촉을 나온 아주 젊은 분(사회에 첫발을 내디딘 듯 아주 어려 보이는 친구였다)이 너무 열심히 영업을 하는 모습이 예뻐서 친구와 함께 향을 하나씩 골랐고, 내가 "저는 이걸로 할게요!"했다. 그러자 그분이 해맑게 웃으며 하는 말씀. "네! 원래 어르신들이 그 향을 그렇게들 좋아하시더라고요."

'어, 어르신? 누가? 내가?'

그 말의 의미를 헤아려보려고 내가 엄청나게 애쓰는 사이 내 친구는 이미 빵 터져서 매대 앞에 쓰러져 있었다. 이제 갓 스무 살쯤 된 사회 초년생에게 나는 '어르신'으로 보일 수도 있음을 그날 알았다.

이 나이가 되면 아무리 감추려 해도 사방으로 뿜어져 나오는 중년 아줌마의 아우라는 정말 무섭다.

부모님 말씀 잘 듣고 조신하게 사느라 십 대에 덕질 한 번 못 해보고 늙어버린 내 친구는 사십 대를 덕질로 활활 불태우는 중인데, 팬 카페에서 누군가 그 친구의 팬심을 자극하는 글을 올리자 참지 못하고 그 카페에서 젊은 친구들이 쓰는 어법과 용어(그 카페는 모두 서로 반말을 한다고)를 그대로 흉내 내어 댓글을 달았다. 그러자 그 즉시 이런 대댓글들이 줄줄이 달렸다고. '줌마팬은 꺼지시지!!'

친구는 말했다. "나 걔들이 쓰는 말투 고대로 따라서 썼단 말이야. 대체 어떻게 안 거야?!?!"

어쨌거나 이제 나는 그런 급이 됐다. '어머님', '사모님', '줌마팬', 혹은... '어르신'

그런데 제주에서 첼로 레슨을 받으러 간 첫날,

중년의 남자 선생님께서 계속 '선생님이 어쩌고 저쩌고' 하셨다. 나는 잠시 당황했다. 저 분이 선생님이고, 내가 학생인 거 맞지? 그럼 지금, 저 선생님이 본인을 3인칭으로 부르시는 것인가? 마치 귀여운 여자 친구가 '다영이는 속상했쩌.'하고 자신을 3인칭으로 부르는 것처럼? 아니면 초등학교 교사가 아이들에게 말하듯 '선생님이 그런 건 하면 된다고 했어요, 안 했어요?'하는 그런 맥락인가?

그런데 자꾸 듣다 보니 둘 다 아니었다. 그분은 나를, 그러니까 첼로를 배우러 온 학생을 '선생님'이라 부르고 계셨다. 매우 어색하긴 했지만, 어느 날 갑자기 나타난 본인 보다 나이 지긋한 중년 여자 사람 학생을 어떻게 불러야 하나 깊은 고민 끝에 선택하신 호칭이라 생각하고 감사하게 받아들였다. (지금 다니는 학원에선 나이의 고하 막론, 이름에 '님'을 붙여 모든 수강생을 OO님이라

부른다. 괜찮은 시스템 같다. 나이가 만들어내는 보이지 않는 서열을 사라지게 하는 점이 특히 좋다.)

그렇지만 선생님께서 "선생니임!!!! 그렇게 하면 안 되죠. 다시!! 다시!! 다시!!"라고 하실 땐 어딘가 어색함을 지울 수 없다. 그리고 이어 생각하곤 한다.

'아니, 근데 선생님을 이렇게 혼내도 되는 거?'

이 나이에 첼로를 배우면 생기는 일

막 대해 주셔서 감사합니다

제주로 내려가 처음 만난 새 선생님은 방목형 선생님이었다. 가장 중요한 자세와 큰 틀을 잡아준 다음, 그 안에서 악보를 읽어나가며 혼자 연주해 나가게 독려하는 스타일. 이런 가르침의 장점이라면 자유롭게 이런저런 시도를 해볼 수 있고, 세부적인 것들, 예를 들면 음정이나 박자에 신경 쓰느라 연주의 가장 기본인 자세와 활 잡는 방법, 왼손의 모양 등에 소홀해지지 않는다는 것이다.

하지만 음정, 박자를 꼼꼼하게 챙기지 않고 진

행한다고 해도 악보를 읽으면서, 왼손으로 현의 올바른 위치를 눌러 주고, 오른쪽 어깨의 힘을 빼고 활을 정확한 각도로 써야 하는데, 이 모든 걸 한꺼번에 챙기는 것만으로도 이미 벅찬 일이긴 했다.

하루는 선생님이 강조하신 기본기를 계속 틀려 댔고 선생님께선 그때마다 '다시!'를 외쳤다. 하지만 이미 대혼란에 빠진 나는 머릿속이 하얗게 되어 내가 어떻게 하고 있는지, 어떻게 해야 옳은지 판단 능력을 잃고 허우적거리기 시작했다. 선생님은 내가 한 번 활을 제대로 다 켜기도 전에 계속 '다시!'를 외쳤고, 나는 자포자기의 심정으로 되는대로 이렇게도 해봤다가, 다시 '다시!'를 외치시면 저렇게도 해봤다가 하며 이 순간이 빨리 지나가기만 하라는 마음으로 앉아 있었다.

그나마 다행인 건 나이를 먹고 나니 이런 걸 배울 때도 (예전보단) 뻔뻔해진다는 거다. 그날 선생

님이 폭풍같이 나를 몰아붙일 때도 좀 당황하긴 했지만 엄청 주눅이 든다거나 수치심으로 죽을 것 같거나 하진 않았다. 그냥 속으로 '아, 내가 십 대였으면 이 타이밍에서 어흑, 하고 뛰쳐나갔겠구나. 아, 내가 이십 대였으면 이쯤에서 파르르 떨며 불쾌했겠구나.'하는 생각이 들 뿐이었다.

내가 누구인가. 질풍노도의 십 대와 사회생활로 단련이 된 이십 대, 남과 만나 가족을 이루어가는 역경의 삼십 대를 모두 통과하며 눈물 콧물 쏟을 만큼 쏟은 아줌마가 아닌가!

내가 배우고 싶은 악기를 배우며 선생님에게 이 정도 담금질을 당한다고 자존심이 상할 일이 아니었다. 오히려 감사하기까지 했다. 어린 학생도, 입시를 준비하는 전공자도 아닌데 아줌마 취미반을 누가 이런 열정으로 가르쳐 준단 말인가!

그러나 감사한 건 감사한 거고, 혼날 때까지 기분이 좋을 순 없다. 선생님이 또 한 번 다시를 외쳤을 땐 빈정이 좀 상했다. 아니, 정도라는 게 있는 것 아닌가. 나는 정신없이 밀려오는 이 '다시'의 파도를 한 번은 끊어줘야겠다고 생각했던 것 같다. 아니면 그냥 한 번 시비를 걸고 싶었던 건지도 모른다.

나는 활을 틱 들어 올려 악보를 (약간 불량하게) 가리키며, '어디요? 여기요?'하고 물었다. 한데, 그 과정에서 생각지도 못한 일이 벌어졌다. 활을 틱 들어 올리다가 그만 옆에 놓여 있던 선생님의 첼로를, 나의 중국산 첼로값의 일백 배는 족히 넘을 그 첼로님을 활로 '딱!!' 때린 것.

순간 1초, 2초, 3초의 정적이 흘렀고, 나는 "어떡해!!! 죄송해요, 죄송해요!!!"하며 정신없이 사과했다. 선생님은 이런 일은 처음 당하는지 너무 놀라 한동안 가만히 계시다가 "지금 저는 못 때리고 제 악길 때리신 거예요?" 하셨다. 그리고 선생님이 먼저 호탕하게 웃으셨고 나도 그냥 따라 웃었다. 웃는다고 귀여워서 봐줄 나이는 아니지만 달리 할 수 있는 게 없었으므로.)

나이 들어 무언가를 배운다는 것의 좋은 점은, '혼내주는 것'에도 감사한 마음이 든다는 거다. 아무래도 어린 학생들보다 육신도 사고도 유연하지 않고, 판단력도 빠르지 않은 중년의 학생을 교육할 때 야단을 치기도 부담스러울 텐데. 그래도 어린 학생들을 가르칠 때와 똑같이 공평하게(?) 가르쳐주시는 것이 참 고맙다.

*그날의 교훈: 아줌마들은 기본적으로 동작이 크다. (아줌마들이 박수치는 모습만 봐도 알 수 있다.)
항상 그 점을 기억하고, 활을 잡았을 땐 손과 팔을 몸뚱이에 조신하게 붙이고 있을 것.

이 나이에 첼로를 배우면 생기는 일

틀려도 돼, 멈추지 마!

내가 멀티형 인간이 아니라는 것, 두 팔로 각기 다른 동작을 하는 것도 엄청난 도전이라는 것은 앞서 얘기했지만, 또 하나의 치명적인 약점이 있으니, 순간 상황 판단력이 몹시 떨어진다는 거다. 당황스러운 상황이 생겨 얼른 판단을 내리지 못할 땐 일단 멈춘다. '얼어버린다'는 표현이 더 맞을 수도 있다. 그래서 흐름을 잘 타는 것이 중요한 운전을 할 때 문제가 많이 생긴다. 양 갈래 길에서 어디로 가야 할지 판단을 하지 못했을 땐 다시 돌아오더라도 일단 어느 쪽으로든 주행을 하고 봐야 하는데 나는 두 길 사이 주황색 원형 불이 놓여 있는, 빗금 쳐진 부분에 차를 세운다. 그리고 동승자들이 경악하는 가운데 어느 길이 맞는 길인지 판단을 내리려고 열심히 궁리한다.

신중한 성격이라 그러는 것도 아니다. 그냥 '일단 멈춤'이 내 몸이 기능하는 방식이다.

한 번은 남편이 저녁에 운동이나 나가자 해서 농구공을 들고 동네 농구 골대로 갔다. 남편이 슛을 쏘고 내게 떨어지는 공을 받으라고 했는데 고개를 들고 공이 떨어지길 기다리고 있다가 순간 또 얼어버렸다. '이걸 받을 순 없을 것 같은데 어떡하지? 근데 이렇게 보니 농구공이 엄청 크네! 어, 어, 어!' 하다 그냥 멈춤. 공을 받아보겠다고 자리는 또 얼마나 쓸데 없이 정확하게 잡고 있었는지 공은 내 얼굴 한복판으로 떨어졌고, 나는 코피를 흘리며 집으로 돌아왔다.

이런 사람이므로 첼로를 연주하다 악보를 보고 어떻게 해야 할지 순간 판단이 서지 않으면 일단 멈춘다. 그리고 악보를 뚫어져라 들여다본다. 내가 몇 번 이러는 걸 지켜보던 선생님이 어느 날 한 마디 하셨다.

"틀려도 돼요."

"네?"

"틀려도 되니까 멈추지 마세요."

"아니, 이 부분이 이게 맞는지 모르겠어서..."

"연주를 멈추면 그냥 틀린 거고, 계속하다가 틀려도 틀리는 거고, 똑같은 거예요. 어차피 틀릴 거면 그냥 한 군데만 틀리고 앞으로 나아가세요. 연주를 시작했으면 끝까지 해야죠."

아...

그러고 보면 내가 살아오며 멈춰버리는 건 그냥

습관인 건가 했는데, 그 깊은 내면을 들여다보면 어쩌면 '틀리는 게 싫기 때문'이었던 것 같기도 하다. 하지만 완벽하기 위해 멈춘다는 건 얼마나 아이러니한 일인가.

 그래서 흠도 보이고 좀 허술하기도 해도 일단 새로운 땅으로 나아가는 쪽을 선택하기로 했다.

 김연아 선수가 점프와 회전을 하다 넘어졌는데 그 순간 '에이 틀렸어.'하고 멈춰버린다고 생각해보라. 엉덩방아를 찧어도 그 자리에서 벌떡 일어나 '언제 무슨 일이 있었던 가요?'하는 표정으로 끝까지 경기를 마치고 당당히 메달을 목에 걸지 않던가.

 이런 깨달음이 있긴 했어도 평생 해오고 산 가락이 있어서 요즘도 순간순간 우뚝! 멈추려고 한다. 그렇지만 나는 바로 활을 그으며 다시 앞으로 나아가려고 노력한다.

'그래, 틀려도 괜찮아.

일단 활을 뽑았으면 끝까지 가보는 거야.

용감하게 진격, 앞으로!'

3부 매일 조금씩 첼리스트가 되어갑니다

매일 조금씩 첼리스트가 되어갑니다

알맹이 보다 껍질

　첼로를 시작한 지 한 달 만에 급히 가장 저렴한 악기를 구입한 것까진 좋았다. 문제는 내가 살게 된 지역이 제주도라는 것. 6월부터 시작되는 제주의 습기는 악명 높다. 바람, 여자, 돌이 많아 삼다도라는데 내가 느끼기엔 그 세 가지를 다 합한 것보다 더 강력한 것이 습기다. 한 여름엔 습도가 97퍼센트, 98퍼센트까지 육박하니 이건 뭐, 체감 상으론 거의 물속을 걸어 다니는 수준이라 하겠다.

　더구나 내가 사는 지역은 곶자왈(숲을 뜻하는 '곶'과 덤불을 뜻하는 '자왈'이라는 고유 제주어의

합성어) 바로 옆이라 제주도 중에서도 습기가 남다르다. 집 안에서 도마뱀이 기어 다니는 것은 두 번이나 발견했고, 화장실에서 딸이 괴성을 지르며 뛰쳐나와서 무슨 일인가 했더니 화장실에서 지네가 나온 거였다. 집안에서 도마뱀과 지네가 나올 정도니 아마존 밀림까진 아니어도 습도가 어느 정도인지는 짐작에 맡기겠다.

현악기는 온습도에 아주 민감하다. 첼로라는 게 아주 간단히 생각하면 나무틀에 줄을 걸어놓은 것이니 습도에 나무는 뒤틀리고 줄은 있는 대로 늘어져 일단 레슨을 시작하려면 대대적인 튜닝부터 해야 했다.

하루는 레슨 전에 내가 까만 자루, 아니 커버를 바나나 껍질 벗기듯 주섬주섬 벗겨내는 걸 지켜보던 선생님이 조심스럽게 말씀하셨다.

"케이스를 하나 장만하시면 어떨까요?"

"네? 첼로가 싸구련데, 그럴 필요가 있을까요?"

선생님 말씀으론 좋은 첼로 케이스는 온습도로부터 악기를 보호해 준다고 했다. 무엇보다 악기는 늘어가는 연주 실력에 따라 조금씩 업그레이드를 하기도 하지만 케이스는 좋은 것으로 장만하면 평생 사용할 수 있다는 거였다. 그리고 악기를 중도 포기하게 되더라도 좋은 첼로 케이스는 중고 시장에 내놓기 무섭게 팔린다고 했다. 케이스는 악기만큼 까다롭게 고를 필요가 없기 때문이라고.

듣고 보니 일리가 있었다.

결국 선생님의 조언에 따라 큰맘 먹고 좋은 첼로 케이스를 장만했다.

첼로 값의 두 배가 넘는 값의 첼로 케이스를 샀다고 하면 입 가진 사람들은 다들 한 마디씩 한다. '악기보다 케이스가 비싸다고?' 친한 사람들은 대놓고 "그게 뭐야!"라고 하고, 예의를 차리는 사이에선 속으로 진짜 웃긴다고 한다. (이 나이쯤 되면 그런 건, 말하지 않아도 알지요.) 악기도 제대로 못 하면서 바람만 들어갔다고 생각하는 거다.

하지만 모르는 말씀이다. 이 케이스를 사용하기 시작하면서 튜닝이 거의 필요 없게 됐다. 마치 저온에 보관해야 상하지 않는 음식을 냉장고에 넣어 보관하듯, 케이스에 첼로를 넣어두면 지독한 제주 습기로부터 악기가 보호됐다. 뜨거운 뙤약볕이나 영하의 날씨에 차에 잠깐 두는 정도론 예전처럼 걱정하지 않아도 괜찮았다.

평생, 속이 꽉 차야 하는 거라고, 알맹이가 중요한 거라고만 생각하고 살았는데('껍데기는 가라'는 시를 쓰신 신동엽 시인님의 지분을 무시 못 하겠다.) 웬걸. 껍질이 중요한 경우도 있다. 아니, 생각보다 많다. 튼튼하고, 제 기능을 다 하는 껍질은 소중한 알맹이를 잘 지키고 보호해준다.

그리하여 나는 내 실력에 비해 매우 과분한 (첼로) 케이스를 등에 모시고 첼로를 배우러 다닌다.

솔직히 까만 자루에 넣고 다닐 때보단 기분도 좀 더 난다. 음악인에 +1 정도 가까워진 기분이랄까. 그리고 무엇보다 속 빈 강정이 되지 않기 위해서 연습을 더 열심히 하리라 다짐하게 되는 의외로 큰 장점도 있다.

그러니까 결론은 언제나,

가자, 연습하러!

매일 조금씩 첼리스트가 되어갑니다

참을 수 없는 존재의 무거움

오랜 세월 첼로를 동경하면서 연주도 연주지만 악기를 메고 다니고 싶다는 생각을 많이 했다. 명품 가방이나 외제차를 부러워한 적은 없지만, 길을 가다가 악기 케이스를 메고 다니는 사람을 보면 그게 그렇게 부러웠다.

나는 그 사람이 들고 다니는 책으로 그의 기호나 대강의 면모를 짐작할 수 있다고 생각하는 사람인데 아마 악기에 대한 감정도 비슷한 맥락인 것 같다. 악기를 들고 다니는 사람을 보면 '나 이런 악기

하는 사람이야.' 하는 무언의 소리가 들리고 문화의 향기가 풍기는 듯한 느낌.

예술의 전당에 전시를 보러 가거나 음악회에 갈 일이 있으면 문화 행사 앞뒤로 친구와 함께 그 안뜰을 거닐며 산책을 즐기곤 하는데, 그럴 때면 나는 곧잘 이런 농담 아닌 농담을 했다. 나중에 첼로를 갖게 되면 꼭 '예술'의 '전당'인 이곳에 가져와서 예술가처럼 메고 거닐겠노라고.

정말 아무 것도 모르는 소리였다.

첼로는 무겁다.

'많이' 무겁다.

언젠가 한 번은 첼로 학원에 가면서 첼로를 두고 나온 걸 차를 빼고 조금 가다가 알아차렸다. (그렇다, 나는 그런 부류의 사람. 옷 맡기러 세탁소 가면서 옷을 두고 가고, 도서관에 책 반납하러 가며 반납할 책을 두고 가는) 그래서 독서실에 내려달라며 같이 타고 있던 딸아이를 대신 올려 보냈다. 첼로를 들고 내려온 아이는 악기를 트렁크에 집어넣느라 서너 번을 넣었다 뺐다 해야 했다. 악기를 보호하는 악기 케이스의 부피 때문에 워낙 덩치 큰 악기가 더 커지고 길어져서 각도를 잘 맞춰 한쪽 끝을 먼저 넣고 반대쪽을 기술적으로 잘 끼워 넣어야 악기가 들어가고 트렁크 문이 닫힌다.

8월 중순 한 여름 땡볕 아래 땀을 뻘뻘 흘리며 몇 번을 시도하다 포기한 딸이 첼로를 뒷좌석에 넣을 생각으로 뒷좌석 문을 열었다. 나는 단호하게 안 된다고 했다. 그렇게 하면 학원의 촘촘하고 좁은 주차장에서 첼로를 꺼낼 도리가 없다. 우리나라 일반적인 상가 건물의 주차 간격과 부족한 자리를 생각하면 당연한 일이다. 한 번은 좁디좁은 주차장에서 옆 차에 닿지 않게 첼로를 겨우 꺼내긴 했는데, 내 차와 옆 차 사이로 첼로를 들고 갔다간 옆 차를 긁을 것 같아 마치 제물처럼 첼로를 위로 번쩍 들어 올린 다음, 논두렁에 새참이고 나가듯 첼로 케이스를 머리에 이고 나간 적도 있다.)

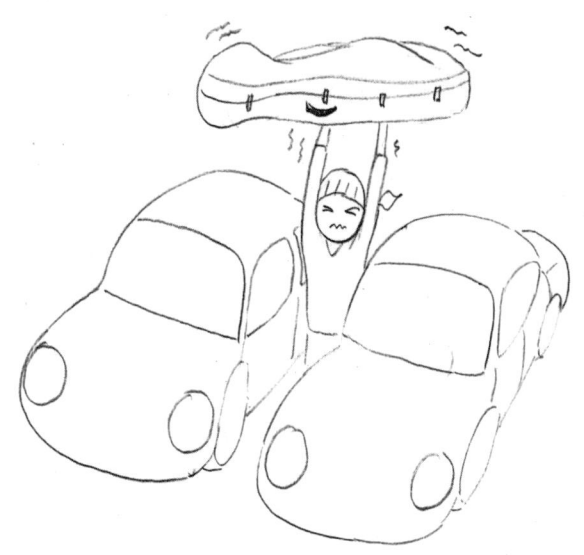

딸은 씩씩대며 트렁크를 열고 다시 몇 번의 시도 끝에 겨우 첼로를 쑤셔 넣다시피 하고 트렁크 문을 닫았다. 쾅! 어찌나 세게 닫았는지 차 앞바퀴가 들리는줄 알았다. 평소 꽤 온순한 편인 우리 딸, 얼굴이 벌게져서 앞자리에 타더니 씹어 뱉듯 말했다.

"아니 뭔 놈의 악기가 저렇게 무거워??"

우리 딸이 '놈'이라고 부른 첼로를 체중계에 달아보았다.

7.1 kg 되시겠다.

악기를 멘 채 길을 거닐고 예술의 전당을 산책하겠노라 했던 나의 소박한 꿈은 그냥 영원한 꿈으로 남았다.

그 정도야 웃으며 포기할 수 있는 일이다. 그러나 제주와 수도권을 오가는 삶을 사는 나에게 무겁고 덩치 큰 첼로는 또 골칫거리다. 바이올린처럼 비행기에 들고 탈 수 없기 때문이다. 기내에 들고 타려면 사람과 같은 값을 내고 따로 좌석을 하나 예약해 드려야 한다. 짐으로 부치는 방법이 있긴 한데, 그러려면 첼로 케이스를 보호하는 운반용 케이스를 따로 또 구입해야 하고, 그렇게 해도 파손 위험이 크다.

악기는 한여름이나 한겨울, 차 내부가 너무 뜨거워지거나 너무 추울 때도 차에 오래 놔둘 수 없다. 온도와 습도에 영향을 많이 받기 때문이다. 그냥 상전 한 분 모시고 다닌다고 생각하면 쉽다. (첼로 상전, 나 몸종) 너무 더우셔도 안 되고, 너무 추우셔도 안 되고, 습도가 너무 높아도 안 되고, 너무 건조해도 안 되고, 안 되고, 안 되고, 안 되고. 아무리 무거워도 등에 지고 다니며 적당한 온습도가 유지되는 곳으로 모셔야 한다.

그럼에도 불구하고 첼로를 멘 내 모습을 지켜보면 제법 흐뭇하다. 주로 주차장에서 학원으로 올라가는 엘리베이터까지 가는 정도의 거리지만 다만 몇 분 사이에도 기분을 내며 다닌다.

마흔이 훌쩍 넘어서야 평생 처음으로 갖게 된 나의 악기.

'무거워도 괜찮아요, 성심껏 모시겠습니다.'

매일 조금씩 첼리스트가 되어갑니다

악기는 죄가 없다

　악기 케이스를 좋은 것으로 장만한 뒤 제주의 습기에 젖은 빨래처럼 늘어지던 현들이 자기 자리를 잘 지켰지만 그래도 나의 악기는 이런저런 보완이 필요했다. 현악기들의 현을 악기의 몸체 위로 띄워주는 역할을 하는 나무 조각을 우드브리지라고 하는데 선생님께서 내 첼로의 브리지가 너무 높아서 깎아야 할 것 같다고 하셨다. 첼로는 왼손가락들로 현을 눌러가며 연주를 하는데 브리지가 높다 보니 현이 첼로의 지판으로부터 거리가 멀어지고 그러다 보니 엄청 힘을 주어 찍어 눌러야 했던 거다. 어쩐

지 힘들더라. (관절염 오는 줄 알았다)

제주시에 있는 현악기 공방을 검색해서 전화로 문의해 보니 브리지 깎는 건 시간도 얼마 안 걸리고 가격도 2만 원이면 된다고 했다. 그 뒤로 몇 번을 미룬 끝에 큰맘 먹고 집에서 차로 한 시간을 꼬박 달려 악기 공방에 도착했다. 사장님이 악기를 보자고 하는데 악기 케이스를 바꾼 다음에 오길 잘했다는 생각이 들었다. 거기 쪼그리고 앉아 주섬주섬 검은색 자루를 벗겨내려면 모양이 많이 빠졌겠네, 생각하면서. 나는 우아하게 딸깍딸깍 케이스 잠금 장치를 열고 첼로를 꺼내 드렸다. 그런데 사장님의 첫마디.

"저 케이스에서 어떤 악기가 나오려나 기대했더니."

사장님은 좋은 케이스를 알아보고 악기도 그에 걸맞은 게 나올 거라 생각했던 것. 나는 싸구려 첼로도 부끄럽고, 거기다 케이스만 좋은 걸 쓰는 사실은 더 부끄러워 불필요한 변명을 늘어놓기 시작했다.

"제가 완전 초보라서요. 악기는 연습용으로 샀고, 제주 습기 때문에 케이스는 좋은 걸로 사는 게 좋다고 해서요..."

"아유, 악기 상태가... 이걸로 계속 연습을 하셨어요? 아니, 사람들이 중국산을 팔아도 어느 정도껏 다듬어서 팔아야지. 이건 뭐, 연주 불가, 연주 불가!"

연주 불가라니… 나, 그런 악기로 여태 고군분투해온 건가! 순간 나의 비루한 연주 실력이 다 저 악기 때문인 거였나 싶어 뭐든 중국산이 문제라고 맞장구를 쳤다. 그리고 그곳에 진열된 악기들을 둘러보며 이것저것 가격을 묻기도 했다. 사장님은 일단 급한 대로 브리지를 적당한 높이로 깎아주시고, 가능한 부분들은 간단히 정비해 주셨다.

나는 여길 진작 알았더라면 돈을 좀 더 주고라도 악기다운 악기를 살 걸 그랬다고 좀 심난해져서 돌아왔다.

그리고 다음 레슨 시간, 선생님을 만나 악기 공방에서의 일을 말씀드리며 나의 중국산 악기와 그걸 내게 팔아먹은 사람을 성토했다. 가만히 내 얘기를 듣고 있던 선생님께서 하신 말씀.

"그 분 좀 예의가 없네요."

"네! ... 네?"

"손님이 악기를 손보러 왔으면 악기만 잘 봐주면 되지, 왜 남의 악기를 평가하나요?"

"아, 네... 그게 제 악기 상태가."

"악기는 각자의 형편에 맞춰 장만하는 거고, 쓰면서 보완하고 다듬어 나가면 되지요."

"아, 네..."

나의 악기를 소중히 다루고 누구보다도 아껴줘야 할 사람은 나였다.

그런 내가 누군가의 말 한 마디에 같이 내 악기를 나무랐던 것. 이 나이를 먹고도 귀가 이렇게 얇나... 내 악기에게 참 미안해졌다.

나는 전국에서 가장 싼 등급의 중국산 첼로를 샀다. 나도 중국산 별로 좋아하지 않는다. 하지만 악기의 세계에선 저가의 중국산이 공헌한 바가 크다고 생각한다. 내가 어릴 때만 해도 바이올린은 물론이고, 첼로 같은 악기를 배우는 것은 평범한 집에선 상상도 할 수 없는 일이었다. 악기라고 해봐야 학교 앞 문방구에서 사 들고 가던 리코더와 탬버린, 학원에 가서 좀 뚱땅거리다 오는 피아노가 전부였다.

그러나 장인이 손으로 만드는 악기 대신 중국 공장에서 찍어내는 악기들이 보급되기 시작하면서 원하는 사람들은 누구나 악기에 쉽게 접근할 수 있게 됐다.

우리 딸도 십만 원짜리 중국산 바이올린으로 바

이올린에 입문했다. 초등학교에 갓 들어간 딸이 바이올린 케이스를 메고 다니는 친구가 부럽다고 자기도 배워보고 싶다고 했을 때, '저러다 진력나면 금방 때려치울 거면서.'라고 생각하면서도 큰 부담 없이 동네 악기점에서 악기를 사줄 수 있었다. 심지어 운 좋게 좋은 악기가 걸려서 딸아이가 몇 년을 쓴 다음에 바이올린 선생님의 다른 어린 제자 둘에게 차례로 물려주기까지 했고, 나중에 선교 사업하시는 선생님의 알선으로 아프리카 어린이에게까지 날아간 것으로 안다.(요즘 돈 십만 원을 이렇게 가치 있게 쓰기도 쉽지 않다.)

나도 급히 악기를 장만해서 제주로 내려와야 했을 때 고가의 악기만 있었다면 첼로를 포기했을지도 모른다. 그러니 나의 저가 첼로에게 얼마나 고마운가. 부족한 부분은 손보고 길들이며 보완해 나가면 될 일이었다. 그날부터 나는 내 악기에게 고마운 마음을 품고 정을 들여 나갔고 지금까지도 내 악기에 불만은 없다.

인간에게 귀천이 없듯 악기에도 귀천이 없다.

그것을 귀하게 대하고 천하게 대하는 사람들이 있을 뿐.

매일 조금씩 첼리스트가 되어갑니다

내 마음입니다

장장 1년에 걸쳐 스즈키 1권을 끝낸 무렵, 잠시 제주에서 육지로 올라와 두 달간 지내게 되었다. 첼로를 두 달간 손 놓고 있을 수 없어 처음에 나를 학원으로 인도했던 친구가 다니고 있는 학원에 등록했다.

그곳은 제주의 학원 (제주에선 내가 성인 최고령 희귀템 수강생)과는 달리 성인 취미 전문 학원이어서 다양한 연령과 수준의 수강생들이 모여 합주도 많이 하고 작은 성취를 뽐내는 발표회 성격의 연주회도 자주 열렸다. 이미 지난 1년간 내 친구도 작은 공연에 세 번이나 참가해 나의 감탄과 존경을 한 몸에 받고 있었다. 내가 올라가 있던 7월에는 하우스 콘서트가 예정돼 있어서 친구는 콰르텟 앙상블의 한 파트로 연습을 시작했다고 했다.

"내 파트에 나밖에 없어. 저번엔 무서워서 도망가다가 원장 선생님께 붙잡혀 왔어."

"그래? 그럼 내가 같이 할까?"

시작한 지 1년이 지났건만 아직 활도 제대로 못 잡는 주제에 친구가 한다니까 같이 참여해도 재미있겠다는 생각이 들었다. 어차피 그 팀에서는 친구가 제일 못 한다고 하니 맡겨봐야 얼마나 어려운 파트를 맡길까 싶기도 했다. 그런데 그다음 레슨에 갔을 때 선생님께서 뜻밖의 얘길 하셨다.

"이번에 하우스 콘서트에 이제 서너 달 배우신

몇 분이 모여 연주회를 하는데요, 스즈키 1권 반짝 작은 별이랑, 2번, 3번, 4번 이 정도 할 건데, 현수님도 같이 해보시는 건 어떨까요? 사실 현수님 수준에 이 팀에 들어가라고 하는 건 좀 미안하긴 한데요, 그래도 이런 연주도 좋은 경험이니까."

스즈키 1권과 2권은 고1과 고2 정도의 차이다. 어른들(숙련자)이 보면 거기서 거기, 도토리 키 재기지만 자기들끼리는 하늘과 땅 차이. 그러니까 이제 막 고2에 올라가 우쭐한 내게 고1 애들 반에 가서 같이 공부하라는 얘기였다. (선생님의 선의와 별개로 나의 체감상.)

자존감이 높으면 뭘 해도 괜찮고, 진정한 프로는 노는 물을 따지지 않는다...라고, 남의 일이라면 쉽게 말했겠지만, 사실 괜찮지 않았다.

일단 자존심이 상했다. 나는 고2인데(무려 스

즈키 2권인데!) 고1이랑 같이 공연을 하라고?

"저는 무대 공포증이 있고요, 당황하면 그냥 멈추고요, 모두의 무대를 망칠 거고요."라고 둘러댔지만, 실은 아직 내 실력이 스즈키 1권의 반짝반짝 작은 별 수준이라는 엄연한 팩트가 뼈를 때리게 아팠던 것 같다. 선생님께는 조금만 고민해 보고 말씀드리겠다고 하고 수업을 마쳤다.

'결국 배운 기간을 초월해서 같이 첼로를 배우는 분들과 합을 맞춰 즐겁게 공연을 마쳤다.'라고 하면 정말 아름다운 결말이겠지만, 나는 그러지 못 했다. "지금 기본기를 정비하는 상황에 연주회 준비를 하면 어떻게든 또 그 곡들만 잘하기 급급해서 기본기를 신경 못 쓸 것 같아요."라는 거창한 이유를 대고 거절했다.

사실 육지로 올라와 학원에 다니면서 여성분 특유의 세심함으로 자세를 봐주시는 선생님으로부터 기본기를 정비 받는 중이긴 했다. 하지만 그게 진짜 이유가 아니라는 건 내가 제일 잘 안다.

이제 석 달 배운 분들과 같이 공연하는 것도 자존심이 상하긴 했지만, 나만 알고 있는 내 마음속 진짜 이유는 그들과 함께 하다가 내가 틀리면 어떡하나 너무 겁이 나서였다. 나는 당황하면 미친 듯이 실수를 하다 멘탈이 무너져 혼자 산으로 가버리는데, 방구석에서 나와 여러 사람들 앞에서 공연하다 그렇게 될까 봐 겁이 났다. 그러니까 고1 반에 가서 제일 공부 못 하는 고2가 될까 봐 무서웠다는 얘기.

'참 못났다. 스즈키 1권, 2권 차이가 뭐라고. 거기서 거기구먼.'이란 생각이 잠깐 들긴 했지만 금방 괜찮아졌다.

이게 나라를 구하는 일도 아니고, 다 늦은 나이에 즐겁자고 하는 성인 취미반인데 좀 비겁하면 어떤가. 취미 좋은 게 뭔데? 하기 싫으면 안 해도 되는 거다.

이 나이에 무언가를 시작하면 어릴 때 조언이나 설득을 빙자한 부모와 선생님의 강요에서 자유로울 수 있다. 스스로 선택할 수 있다. 지금 이 나이까지 '그렇게 해야 할 것 같아서', '옳은 일 같아서' 원하지도 않는 일, 너무 많이 하며 살아왔다. 이젠 그만해도 될 것 같다.

공연을 해보면 경험도 쌓이고 늘기야 하겠지. 모르지 않는다. 그렇지만 취미로 악기를 배우는 것의 가장 큰 목표는 '나의 즐거움'이다.

그래서 나는 당당하게 비겁한(말이 되나요?) 핑계를 대고 내키지 않는 합주 발표회에서 빠졌다. 나의 첫 공연은 내가 원하는 때와 장소에서 해야지.

그 정도는 내 맘이다.

매일 조금씩 첼리스트가 되어갑니다

사십 대 학생의 팔십 대 아버지

제자가 책 좋아하는 걸 알고 선생님께서 좋은 책을 몇 권 추천해 주셨다. 레슨 후에 바로 검색해 보니 그중 한 권은 절판이었다. 평소 소일거리로 동네 도서관에 출근하다시피 하시는 친정아버지께 바로 문자를 넣었다.

'게르하르트 만텔의 「음악을 연습하다: 첼리스트를 위한 연습 지침서」라는 책이 절판인데 혹시 도서관에 있으면 대출 좀 부탁드려요.'

아버지의 답이 도착했다. 경기도 성남시 소재 열

다섯 개 도서관 중 딱 한 곳, 성남시 중원구의 도서관에 책이 있으니 내일 전철을 타고 가서 빌려다 주시겠다는 내용. 뭘 그렇게까지 하시냐고, 꼭 필요한 책이 아니라고 나중에 그쪽 갈 일 있으면 빌리자고 답을 보냈다.

다음날 오전, 아버지께선 「음악을 연습하다」를 들고 우리 집 앞에 나타나셨다. 중년의 딸이 책을 읽고 싶다고 하니 여든이 넘은 아버지께서 열 일 제치고 책을 구해 오신 것. 그리고 이게 무슨 어려운 일이냐는 듯 휙 돌아서서 가셨다.

아버지는 성실한 가장이었지만 딱히 물려받은 재산도 없고, 발 빠른 재테크의 기술과는 담을 쌓은 분이셔서 엄마는 빠듯한 월급만으로 삼 남매를 키우느라 고도의 근검절약 기술을 발휘하며 사셨다. 우리 집에서 크리넥스처럼 보드라운 화장지 같은 건 구경할 수 없었고, 식탁 위에도 두루마리

휴지가 떡하니 올라와 있었다. 그것마저도 코 푼다고 두 칸 이상 뜯으면 낭비한다고 구박을 받았다.

 언니와 연년생이었던 나는 초등학교에 입학할 때도 언니 책가방을 물려받았다. (옷을 물려받는 건 당연했으므로 패스하겠다.) 그런데 오리털 파카가 처음 한반도에 상륙했을 땐 웬일인지 엄마가 내게도 한 벌 사주겠다며 버스를 한참 타고 모 브랜드의 파격 세일이 열리고 있는 행사장으로 데리고 갔다. 내가 이런 호사를 누려도 되나 반신반의하며 맘에 드는 걸 걸치고 거울을 보고 있는데 엄마가 다가와 속삭이신 한마디.

"아빠 등산 다니실 때도 입으시게 좀 큰 걸로 사자."

... 눼에???

그 일화는 우리 집의 오리털 파카 돌려 입기 신공이란 제목으로 지금까지 회자되고 있다. 내가 그 파카를 입고 찍은 사진은 팔이 너무 길어서 마치 고

릴라 같다. (네, 불태우진 못하고 아직 갖고 있습니다.)

전 방위적으로 절약을 실천하던 엄마는 도시락 쌀 때 쓰던 랩도 설거지를 해서 (빨았다고 해야 하나?) 고이고이 널어 두었다가 다음날 도시락에 재활용하셨다.

엄마의 근검절약 이야기를 이렇게 구구절절 푸는 건 한풀이를 하자는 것도 아니고 엄마를 낯 뜨겁게 하고자 함도 아니다. 그 정도로 절약하며 살던 분들이 자식들의 문화적인 경험을 위해선 통 크게 지갑을 열어젖히셨다는 이야기에 극적 효과를 더하고 싶어서다.

아주 어릴 때부터 우리는 (당연히 버스를 타고) 다섯 식구가 다 같이 갖가지 문화 경험을 하러 서울 근교를 누볐다.

예전 조선 총독부 건물 자리에 중앙박물관이 있던 때부터 국전이 열리면 그림을 보러 다니기 시작해서 총독부 건물이 헐리고 과천에 국립현대미술관이 들어선 다음까지 미전을 보러 다녔다. 어떤 그림이 좋은 건지, 그림을 어떻게 보는 건지도 모른 채 나는 그런 문화의 공간에 먼저 매혹됐던 것 같다. 서울에 오직 그림을 쭉 걸어놓기 위한 커다란 공간이 존재한다는 것 자체가 신기했고, 큰 공간에 또 각또각 울리는 나의 발소리를 듣는 것도 그냥 좋았다.

어디 전시회뿐인가, 공연이라면, 일찍이 발레, 오페라, 뮤지컬, 연극, 콘서트, 클래식 공연 등 가 보지 않은 곳이 없다. 예술의 전당이 생기기 전에는 세종문화회관이나 호암아트홀 같은 곳을 찾아 갔고, 잠실 종합 운동장에 쓰리 테너가 방한했을 때도 그 수많은 관중 중에 내가 있었다.

이런 경험은 지금처럼 공연 문화가 대중화되기 전인 8, 90년대에 누린 것임을 강조하고 싶다.

영화 같은 경우엔 임권택 감독의 <서편제>나, 80년대에 로카르노 국제 영화제에서 상을 받은 배용균 감독의 <달마가 동쪽으로 간 까닭은?> 같은 가장 한국적이면서도 큰 이슈가 된 한국 영화는 물론, 미국에서 아카데미 시상식이 열린 다음 날이면 작품상을 수상한 영화를 다 같이 (다시

다섯 명이 줄줄이 버스를 타고) 보러 가곤 했다.

책에 관해서라면 굳이 얘기할 필요도 없겠지만 간략하게 짚고 넘어가자면, 우리 집에 가전제품이든 뭐든 수리할 게 생겨서 집에 방문 기사님들이 오시면 "바깥 분이 교수님이세요? 책이 엄청 많네요."라는 말을 꼭 들었고, 한여름 무더위에는 에어컨도 없는 집에서 돗자리에 누워 집에 굴러다니는 「태백산맥」이나 「토지」 같은 장편 대하소설을 읽는 것이 나의 피서 법이었다.

나의 어린 시절은 금전적으로 풍족하진 않았지만 문화적으로는 대한민국의 어느 가정과 겨뤄도 꿀리지 않을 정도로 풍요로웠다고 생각한다. 정세랑 작가의 「지구인보다 지구를 사랑할 순 없어」를 읽어보니 작가님의 어린 시절 집안 분위기도 비슷해서 무지 반갑고 놀라웠다. 물론 그분은 유명한 작가가 되셨고, 나는, 뭐…, 어…, 그래, 나는 첼로를 배우고 있네요.

나는 버젓하게 내세울 뭔가가 있는 어른이 되진 못했지만, 그래도 그런 어린 시절이 자양분이 되어 이 늦은 나이에도 꿈의 악기였던 첼로에 열정을 불태우고 있는 게 아닐까.

나도 어린 시절 나의 아버지를 닮아 주식 투자 공부를 한다거나 나중에 열 배 백 배로 오를 땅을 보러 다닐 생각은 하지 않는다. 절판된 첼로 책을 찾아 읽을 수 있길 바랄 뿐이다. 그리고 그 뒤에는 마치 임신한 아내를 위해 한 겨울 밤, 복숭아를 구해 따온 옛날 이야기 속 남편처럼, 절판된 책도 찾아내어 바로 다음 날 들고 나타나는 나의 아버지가 계시다. 부모님은 간혹 물려줄 재산이 없는 걸 미안해하시는데 나는 가장 큰 유산을 이미 넘치게 받았다.

좋은 음악, 좋은 글, 그리고 세상의 모든 아름다움을 다 내 것으로 누릴 수 있는 정신을 물려주셔서, 그것들의 가치를 이해하고 즐길 수 있는 사람으로 키워 주셔서 정말 감사하다.

두 분, 부디 오래오래 건강하세요.

매일 조금씩 첼리스트가 되어갑니다

헌 귀 줄게 새 귀 다오

올 것이 왔다.

첼로를 시작하고 반년이 좀 못 됐을 무렵인가. 처음에는 내가 첼로로 소리를 내는 것만으로도 신기하고 악보를 읽고 운지를 하는 것만으로도 뿌듯했는데 몇 달 지나자, 그 고약한 것이 찾아오고야 말았다.

'욕심'

아아, 모든 화를 부르는 그것.

욕심이 생기면 일단 조급해진다. 그리고 예전에 만족하던 것에 만족하지 못하게 되니 행복하지 않다. 만족해야 행복한 건 당연한 이치 아닌가.

하루는 레슨 중에 그런 마음을 토로했다.

"선생님, 제가 연주하는 소릴 듣기가 힘들어요. 제가 들어도 제가 내는 소리가 너무 별로예요."

그러자 선생님의 한 마디.

"지금 스즈키 1권이잖아요."

('스즈키'는 피아노의 바이엘, 체르니와 비슷한 현악기 기본 교재)

"네?"

"이제 스즈키 1권 하고 계시잖아요. 어떻게 소리가 벌써 좋아요?"

듣고 보니 그랬다. 나는 아직 불가능한 걸 원하고 있었다.

이것이 성인이 악기를 시작했을 때 종종 생기는 문제라고 했다. 나이 다 들어서 악기를 시작했다면 그 사람은 클래식 음악에 관심 있는 사람일 가능성이 크다. 그렇다면 세계 최고 수준의 연주자들의 연주만 들어왔을 가능성이 높다.

몇 십(네, 그렇게나 오래) 년을 살아오며 그런 음악만 들어온 거다. 그럴 수밖에 없지 않은가. 악기를 가르치는 선생님들은 초보자들의 소리를 매일 듣고 계시겠지만(존경합니다) 나 같은 일반인은 CD로 녹음된 세계 최정상 연주자들의 연주를 들을 기회밖에 없다. 잘 못 하는 사람, 혹은 평범한 사람의 연주를 들을 기회는 거의 전무하다. 그런 사람이 음반을 내는 일이 별로 없을 뿐더러 내가 사서 듣지도 않겠지. 첼로를 좋아하다 보니, 미샤 마이스키나 요요마가 내한을 하면 직접 들으러 가기도 했다. 그러니까 내가 첼로를 시작하기 전까지 들은 첼로 연주들은 못해도 국내 최고 수준 이상이었고, 내 귀는 있는 대로 드높아져 내 의식 속 첼로 소리란, 응당 세계 최고 수준의 연주로 입력됐던 것. 로스트로포비치, 미샤 마이스키, 요요마, 못 돼도 첼로 듀오 투첼로스 수준의 첼로 소리만 듣고 살던 그 귀가 이제 겨우 몇 달 배운 (게다가 재능도 없는) 소리를 매일 들어야 했으니 그 고충과 좌절감이 이해된다.

아이들은 클래식 음악을 들으라고 해도 듣지도 않을 거고, 어떤 것이 듣기 좋은 소리이고 나쁜 소리인지조차 알지 못한다고 한다. 아마 알고 싶어 하지도 않을 걸? 그래서 아이들은 자기가 첼로를 하다가 삑삑 쇠젓가락으로 식판 긁는 소리가 난다고 위축되지도 않고, 어떻게든 좋은 소리를 내려고 기를 쓰다 자세를 망가뜨리지도 않는다는 것. 그야말로 (대개는) 영혼 없이 선생님이 자세를 잡아 주는 대로, 활을 그으라고 하는 대로 (기계처럼) 쭉쭉 해 나가는 것이고, 무엇보다 중간에 좌절하며 자학할 일도 없는 거다.

어찌 보면 이 세상 모든 슬픔은 자신이 가진 것과 원하는 것, 현실과 이상의 괴리에서 오는 것이리라. 내 귀가 익숙해 있던 건 내가 가진 것이 아니었다. 남의 것이었다.

일단 내 위치가 어디인지 받아들이는 과정이 필요했다. 냉정하게, 아니 좀 야박하게 계산을 해보자면, 내 손과 팔이 내 귀의 수준에 도달하려면 내 귀가 음악을 들어온 3, 40년의 세월은 노력해야 공평했다.

'뭐야, 그럼 그때 나는 파, 파, 팔십? 구, 구, 구십?'

그래서 레슨을 끝내고 집에 돌아온 나는 신께 빌었다.

'차라리 제게 아이의 막귀를 주세요.'

매일 조금씩 첼리스트가 되어갑니다

아프면 뭔가 잘못된 거예요

첼로를 시작한 뒤 안 아픈 구석이 없었다. 일단 긴장해서 양쪽 어깨에 있는 대로 힘이 들어가 거의 1년 가까이 '어깨에 힘 좀 빼시라'는 얘길 들어야 했다. 그러면 또 선생님 말씀은 잘 듣는 스타일이라 힘이 잔뜩 들어가 있는 어깨를 다시 있는 힘껏 아래쪽으로 내린다. 그러니까 어깨에서 힘을 빼는 게 아니라 더 힘을 줘서 아래쪽으로 이동시키는 거다. 그러니 어깨는 고질적으로 아팠고, 등도 아팠고, 당연한 얘기지만 첼로 소리도 정말 안 좋았다. 과장 좀 해서 정말 삐그덕삐그덕 관짝 끄는 소리가 그 정도로 암울하려나 싶을 정도. 지판을 손가락으로 눌러야 하는 왼손은 또 어떤가. 여러 가지 이유로 소리가 잘 안 나다 보니 지판 뒤에 가만히 대고 있어야 하는 엄지에까지 있는 대로 힘이 들어가서 현을 누르는 다른 손가락과 엄지로 거의 지판을 꼬집어 뜯을 기세로 힘을 줬다. 엄지는 가만히 대고 있고, 다른 손가락을 갈고리 모양으로 만들어 내리 누르기만 해야 하는데 악보 따라가기 급급하다 보니 일단 어떻게든 힘을 주고 보는 거였다.

안 되는 실력으로 무리해서 어떻게든 소리를 내려고 하다 보면 절로 기괴한 자세와 괴이한 방법들이 난무하게 된다.

문제는 잘못된 내 자세와 방법 때문에 아픈 것인지 모르고 그냥 처음이니까 익숙해질 때까진 좀 아픈 거겠지 생각한다는 것. 그렇게 계속 '열심히'

무리를 하면 어딘가 망가진다는 거다.

 왼손은 점점 더 아파오더니 급기야 설거지할 때 국그릇을 제대로 들기도 힘들 정도로 아파졌다. 아직 관절염을 앓아본 경험은 없었으나 아픈 양상과 느낌이 딱 '관절염' 같았다. 관절염이 왔다고 생각하니 서러웠다. 가뜩이나 노안이 와서 왼쪽 지판을 흘낏거릴 때도 잘 안 보이는데 관절염이라니. 이래서 배움은 때가 있고, 너무 늦어 시작했으니 얼마 못 하고 관절염까지 걸리고, 나는 망했다 생각했다.

 같이 첼로를 배우기 시작한 친구를 만난 날 어깨도 아프고 손가락 관절도 너무 아프다고 하소연했더니 그 친구도 여기저기 아프긴 하다면서 이렇게 말했다.

"하지만 너무 심하게 아픈 건 문제가 있는 거야. 생각해 봐. 오케스트라에서 악기 하는 사람들 보면 한 시간 두 시간씩 내리 연주하잖아."

"그러네, 진짜."

내가 연주하는 방식으론 십 분만 해도, 아니 2분짜리 곡을 다 연주할 수 없을 정도로 너무 아팠다. 하지만 생각해 보니 교향곡을 4악장까지 연주하고도 나처럼 괴로워하는 사람은 본 적이 없었다. 그리고 연주하며 그렇게 아픈 게 정상이라면 현악기 연주자 중에 손의 관절이 남아날 사람이 없을 게 아닌가. 그럼 내가 분명 정말 뭔가 잘못하고 있다는 뜻이었다.

통증은 문제가 있음을 알려오는 우리 몸의 신호다. 그래서 통각은 꼭 필요하다. 증세가 나오고 아파야 사람들이 병원도 가고, 어딘가 곪아 터지기 전에 해결을 할 수 있다.

친구와 얘기를 나눈 뒤, 나도 다음 레슨에서 선생님께 구체적으로 어디가 어떻게 아픈지 말씀드리고 원인을 찾아 자세를 수정하고 연습을 달리 했다. 그랬더니 정말 거짓말처럼 통증이 사라졌다. 관절염이 온 줄 알고 첼로를 내려놓아야 하나 속상했는데 아니어서 정말 다행이다.

아픈 만큼 성숙해진다는 말이 있다. 아니다. 아픈 만큼 망가진다. 적어도 이 나이엔 그렇다. 성숙해지는 건 젊을 때나 할 일이다.

그러니 어딘가 견딜 수 없을 정도로 아프다면, 무언가가 혹은 누군가가 당신을 계속 아프게 한다면 무엇이 잘못됐는지 세심한 진단을 하고 볼 일이다.

매일 조금씩 첼리스트가 되어갑니다

실력이 미천할수록 낯짝은 두껍게

    나는 남의눈을 많이 의식하는 편이다. 매사 그렇지는 않다. 그랬다가는 피곤해서 제 명에 못 죽을 것이다. 일찌감치 포기한 부분에서는 누가 어떻게 보든, 뭐라 하든 상관없다. 하지만 내가 중요하다고 생각하는 일이나 잘하고 싶은 것에서는 좀 많이 의식하는 편이다. 특히 첼로는 악기의 울림이 워낙 크다 보니 연습을 하면 윗집, 아랫집, 앞집 이웃들이 내 소리를 다 듣고 품평할 것만 같아 잔뜩 위축이 되어 활을 긋는다. 그래서 주 1회

정도는 기를 펴고 활을 제대로 그어보려고 동네 연습실을 빌리는데, 연습실에 가서까지 연습실 이웃들이 의식된다. 복도를 지나다니는 사람은 물론이고, 옆방, 앞방 연습생들도 신경이 쓰인다. 어느 정도인가 하면 옆방이나 복도에서 인기척이 들리면 갑자기 하던 거 말고 그나마 좀 자신 있는 곡을 연주하기 시작하는 식이다.

안다, 어이없는 짓이란 것. 그들은 내 얼굴을 볼 수도 없고, 본다 해도 오늘 하루 잠깐 스치듯 지나가는 사람일 뿐인데!

변명을 좀 하자면 혼자 사방 벽인 조그마한 연습실에서 연습을 하다 보면 옆방의 소리가 들려온다. 성악하는 사람, 각종 관악기, 현악기 등등 종류도 다양하다. 방음이 되어 있다고는 하지만 연습실이 워낙 촘촘히 붙어 있는 데다 악기의 울림이 크기 때문에 소리가 전혀 들리지 않는 것은 불가능하다. 다들 악기하는 사람들 인지라 연습하는 사이사이 들려오는 소리에 절로 관심이 간다. '아 저 사람은 고수구나.', '아 저 사람은 이제 2, 3년쯤 배웠나 보다.', '와, 저 사람은 정말 집요하네. 같은 마디를 벌써 몇 번째 저렇게 반복하는 거야? 얼굴 한 번 보고 싶네.'

내가 누굴 평가할 주제는 안 되지만 소리가 들려오니 자연히 이런저런 감상평이 생긴다. 그러다 문득 드는 생각.

'앗... 내 소리도 누군가가 다 듣고 있겠군.'

그러나 아파트 이웃주민 눈치 안 보고 제대로 연습 좀 해보겠다고 돈까지 내고 그 무거운 악기를 업고 와서, 다시 연습실에 있는 사람들을 의식하느라 연습해야 할 부분을 안 하고 자신 있는 쉬운 곡만 연주하고 있다니.(그것도 잘 하지도 못함.) 이 얼마나 바보천치 같은 일인가!

그래서 나도 최대한 뻔뻔해지기로 하고 연습에 몰두하려고 노력해 왔다. 그런데, 이번에 선생님께서 내주신 과제는 내 뻔뻔함의 최대치로도 커버가 어려웠다.

왼손 운지와 오른손 활 움직임의 타이밍을 못 맞춰서 박자가 늦어지고 소리가 깔끔하게 나지 않는 것이 나의 고질적인 문제인데, 이게 잘 안 되니 일단 왼손 운지만 따로, 활 긋는 것만 따로 열 번씩 해오라는 숙제가 떨어진 것.

첼로나 바이올린 같은 현악기는 현이 네 개뿐이지만 왼손가락으로 지판의 어느 부분을 누르냐에 따라 무궁무진한 음계를 표현할 수 있다.

내가 연습해야 하는 곡은 딱 두 줄만 오가며 연주하는 곡인데 멜로디 앞부분은 다음과 같다.

레레파파 라라시시 라라레레 도도시시

라라라라 레레레레 솔솔솔솔 미미미미

레레파파 라라시시 라라레레 미미파파

미미레레 도도시시 라라라라 라라라라

그런데 왼손으로 지판을 누르지 않고 활만 그으면 두 줄만 왔다 갔다 하기 때문에 다음과 같은 곡(?)이 된다.

레레레레 라라라라 라라라라 라라라라

라라라라 레레레레 레레레레 레레레레

레레레레 라라라라 라라라라 라라라라

라라라라 라라라라 라라라라 라라라라

이렇게 연습을 하다 보면 자연히 이런 의문이 든다. '이것이 과연 음악인가?' 그것도 이걸 열 번씩이나 해야 한다. 내가 듣기에도 괴로운데 옆방에 있는 사람들은 얼마나 괴로울까. 나는 공감능력이 아주 뛰어난, INFJ. 따라서 그들의 고통은 곧 나의 고통이 된다. 지나다니는 학생들은 또 얼마나 나를 비웃을까? '야, 저 라라라라 아줌마 또 왔나봐.' 하지 않을까? 하지만 이겨내야 한다. 이것을 해내지 않으면 연습실에 온 의미가 없으므로.

운전을 할 때, 앞 차가 미적미적 거리는 바람에 나까지 신호를 놓치거나 옆 차가 어물어물해서 나의 안전을 위협당하면 상당히 화가 난다. 그러나 우리는 '초보운전' 스티커를 붙인 차에겐 아주 관대하다. 아예 한 수 접고 들어가게 된다. '그래 나도 저런 시절이 있었지.'하는 생각도 들고, '애쓴다~~'하고 짠하게도 여기는 마음도 생기고, 양보도 해주고, 알아서 비켜가게 되지 않는가.

그 생각이 드니 나도 연습실 문 앞에 '초보첼로'라는 문구를 붙이면 어떨까 싶었다. 그렇다면 듣기 힘든 나의 첼로 소리에도 음악 하는 선배님들이 한 번 그냥 씩~ 웃고 지나가지 않을까. 하지만 아직은 상상뿐. 일단은 그냥 이런 정신으로 무장하고 활을 긋는 중이다.

'아, 몰랑. 듣거나 말거나.'

첼로라는 평생 친구

졸지에 스승님의 스승님이 된 사연

예전에 운동을 하러 동네 짐에 갔는데 트레이너 선생님이 팔짱을 딱 끼고 서서, 내가 운동하는 모습을 한참 지켜보더니 하신 말씀.

"회원님은 어디 가서 춤 추지 마십쇼."

응? 내가 춤 엄청 못 추는 거 어떻게 아셨지?

그냥 팔다리 들었다 놓았다 하는 것만 봐도 안단다. 그래서 나는 소울도 있고, 욕망도 있고, 흥도 많다고. 그래서 춤 엄청 잘 추고 싶다고 항변

했다. 그러자 그다음 한 마디.

"그건 그야말로 최악의 조합입니다."

의욕만 충천하는데 몸이 뚝딱뚝딱거리는 경우는 더 눈뜨고 봐주기 힘든 광경을 연출하게 되는 법이라나.

몸이 안 따르는데 의욕만 과도하게 앞서면 꼭 탈이 난다. '남의 눈 따위 생각 말자, 나만 즐거우면 됐지, 뭐 어때?'라고 생각할 수도 있지만 그렇지 않다. 다치기 때문이다.

우리 몸이 무언가 새로운 것을 익히고 적응하는 데엔 시간이 걸리기 마련인데, 가뜩이나 몸치인 데다 성격까지 급한 나는 꼭 빨리 잘하고 싶다. 그 아득한 차이 때문에 나는 종종 속상하고 자주 다친다.

첼로를 배우면서도 잘하고 싶은 욕망은 불타오르는데 몸이 안 따라주니 자연히 무리를 하게 됐다. 문제는 잘못된 자세였다. 어깨에 있는 대로 힘이 들어간 상태에서 현과 지판을 계속 봐야 하니 나도 모르는 새 목을 앞으로 꺾고 장시간 있게 됐고, 어느 날부턴가 목덜미와 등이 찌릿찌릿 아파오기 시작했다. 단순 근육통과는 다른 통증이었다. 송곳처럼 예리한 무언가가 목과 등을 찌르는 듯한 아픔이었다. 그리고 점점 심해지더니 나중에는 등을 대고 누울 수도 없는 지경에 이르렀다. X-ray와 MRI를 찍은 끝에 받은 진단은 목 디스크. 아직 터지진 않았지만 경추 두 개가 튀어나와 신경을 누르고 있고 그 부위에 염증까지 생겨 통증을 느끼는 거라고 했다. 자세를 교정하고 통증을 유발하는 일을 당분간 쉬고 보름간 약을 먹으라고 했다. 안 그럼 정말 큰일 난다고.

20년 가까이 컴퓨터 들여다보는 일을 하면서도

목 디스크가 탈이 나지 않았는데 첼로를 시작하고 1년 만에 이 사달이 났다. 그리고 제일 먼저 든 생각.

'이제 나 첼로 못 하면 어떡하지?'

하지만 어쩔 수 없었다. 길게 가기 위해선 일단 참아야 했다. 연습을 한동안 쉬고 약을 열심히 먹었고, 통증이 나아지기 시작한 뒤에도 연습 시간을 줄였다. 목과 허리를 곧게 세워야 했기에 자세도 계속 신경 쓰고 체크했다.

그리고 2주 만에 레슨을 받으러 가서 선생님께 첼로를 과도하게 연습하다 목 디스크가 왔다고 말씀드렸다.

"그 얘길 듣는 순간 첼로 연습 못 해서 어떡하지, 라는 생각이 젤 먼저 들더라고요. 첼로를 하기 위해서라도 자세 교정하고 완치할 거예요."

그 다음 레슨 때 선생님께서는 내 디스크 안부를 먼저 챙기신 다음 뜻밖의 말씀을 하셨다. 선생님을 지도해 주시는 교수님(그렇다 예술의 세계에는 선생님의 선생님의 선생님이 줄줄이 계시다)께 가서 말씀드렸더니 이런 말씀을 하시더라고.

"그분, 네 제자가 아니라 네 선생님이다. 좀 보고 배워. 넌 그저 어디 조금만 아프면 이때다 싶어 연습 못 하겠다고 하는데. 디스크에 걸려서도 첼로를 못 할까 봐 걱정하고 계시다니. 네가 그분께 배워야겠다."

그렇게 해서 졸지에 선생님의 선생님으로 등극했다는 사연.

다행히 목 디스크 덕분에 첼로만 잡으면 힘이 잔뜩 들어가던 몸에서 힘을 빼고 자세도 곧게 세울 수 있었다. (디스크로 고생해 본 분들은 아시겠지만 도저히 자세를 곧게 하지 않을 수가 없다. 자세가 조금만 무너져도 너무 아프기 때문) 그래서 소리도 조금 나아졌다.

이만큼 살아보니 알겠다. 나쁜 일은 절대 계속

나쁘기만 한 일로 남지 않는다.

목 디스크 덕에 강제 자세 교정 중이지 않은가. 내가 존경해마지 않는 선생님을 막 혼내면서 가르치는 더 위대한 선생님으로부터 칭찬을 받은 건 덤입니다요.

4부 첼로라는 평생 친구

첼로라는 평생 친구

세 분의 스승

1년 간 첼로를 배우면서 무려 세 분의 선생님을 모셨다. 마음에 안 든다고 3개월마다 갈아치운 건 아니다.

나는 원래 한 번 선택을 하고 나면 충성도가 높은 편이다. 큰 문제가 생기지 않는 한 처음의 결정을 믿고 쭉 간다. 바꿔댄다고 크게 달라질 것도 없다고 생각하는 편이다. 아이의 학원도 보통 선택하면 큰일이 없는 한 바꾸지 않는다. 아이는 같은 영어 학원을 6년 다녔고, 태권도는 검은 띠를 딸 때까지 사범님을 바꾸지 않았다. 그건 의리를 중시하는 나의 장점과 정보에 어둡고 리서치에 게으른 나의 단점이 결합된 결과일 거다. 학원 바꾸는 것도 솔직히 부지런해야 바꾸죠, 네.

그런 내가 1년 새 첼로 선생님을 세 분이나 모셨다니.

처음에는 제주로 내려와 지내게 되면서 한 번 학원을 바꿀 수밖에 없었다. 그런데 제주에서 가르쳐주시던 선생님께서 취업을 하시면서 평일 밤이나 주말에만 수업이 가능한 상황이 됐다. 주부로선 쉽지 않은 시간이다. 그래서 결국 숨은 고수를 찾아준다는 '숨고'라는 플랫폼에서 첼로 선생님을 구한다는 글을 올렸다. 그런데 웬걸. 부산에 사시는 분이 줌으로 수업을 하자는 연락 하나. 그리고 제주시청 근처 연습실에서 수업이 가능하다고 하신 분 하나. 이렇게 두 분 밖에 연락이 없었다. 줌 수업이 가능했으면 분당에서 배우던 선생님께 배웠지. 분당 선생님 말씀으로는 인터넷 상으로는 싱크가 잘 안 맞고 오디오도 잘 들리지 않아서 섬세한 악기 수업은 쉽지 않다고 했다. 내가 숙련자라면 또 모를까. 이제 걸음마를 뗀 초보자로서는 안 될 일이었다. 결국 제주시에 계신 선생님께 배워보기로 했다.

내가 사는 곳에서 제주시까진 무려 40Km, 평화로를 평균 시속 80킬로미터로 밟아도 무려 한 시간이 걸리는 거리다. 게다가 변화무쌍한 제주 날씨 때문에 어떤 날은 문자 그대로 '한 치 앞도 안 보이는' 안갯속을 달려가야 했고, 카워시를 방불케 하는 폭우를 뚫고 가기도 했다. 오직 첼로 레슨을 위해서.

그렇게 먼 길을 달려 처음 도착한 연습실은 지금까지 다녀본 음악 학원과는 분위기가 사뭇 달랐다. '어? 뭐지?' 바닥에는 장판이 깔려 있었고 방석도 놓여 있었고, 장구, 꽹과리를 비롯해서 거문고, 가야금이 줄지어 놓여 있었다. 어쩐지 방석을 당겨 앉아 사주라도 여쭤봐야 할 것 같은 분위기였다. 알고 보니 전통 악기 연습실도 겸하고 있는 곳이었다.

나를 가르쳐주실 선생님이 같이 합주하는 팀이 연습실로 쓰는 곳이었는데, 여러 악기 선생님들이 공동 임대해서 본인들 연습도 하고 각자 레슨하는 장소로도 쓰는 시스템인 것 같았다. 작은 빌라의 지하실이었기 때문에 이중 주차를 할 수밖에 없어서 레슨 중에 뛰쳐나가 차를 빼주고 헐레벌떡 뛰어 들어오기도 했다.

또 언젠가는 첼로를 켜는데 지축이 울리고 새시가 진동하는 소리가 자꾸 들려 몸이 절로 움츠러들었다. 내가 첼로를 켜다 집 무너뜨리는 건 아닌가 생각이 들 정도로 심한 소리였다. 몇 번 그랬는데 도저히 이유를 알 수 없어서 밖에서 공사라도 하나보다 생각하고 넘겼는데 어느 날 레슨을 받으러 갔더니 선생님이 커다랗고 납작한 탬버린 비슷한 악기를 들고 나오시며 말씀하셨다. "범인을 찾았어요!" 그 악기가 첼로의 진동에 함께 몸을 떨며 그런 소리를 냈던 것.

여러 스승을 모시는 장점도 있다. 선생님마다 특히 중시하는 부분이나 교습 스타일이 달라서 나의 여러 면면을 다 점검하고 갈고닦을 수 있다.

분당에서 처음 뵀던 선생님은 articulation 즉, 소리를 한 음 한 음 제대로 또렷하게 내는 걸 중시하는 분이어서 대충 넘어가는 내 스타일을 가다듬는 데 정말 도움이 됐다. 정말 한 마디 한 마디씩 꼼꼼하게 봐주셨다. 문화적으로 취향도 비슷해서 음악 관련 좋은 책도 많이 추천해 주시고, 무엇보다 정말 친절하고 상냥하셔서 용기가 많이 생겼다.

제주에서 처음 만난 선생님은 나보다 열 살쯤 어려 보이는 남자 선생님이셨는데 분당 선생님과는 달리 나를 큰물에 풀어놓고 스스로 터득해 나가도록 격려하는 편이셨다. 이런 교습 방식의 장점은 제자가 스승을 뛰어넘는 청출어람이 가능하다는 것. 하나하나 일일이 가르쳐주는 경우엔 그것만 그대로 흡수하면 끝인데 이런 스타일은 학생 본인이 끊임없이 연구하며 무한대로 발전할 가능성이 있다는 거다. (물론 나는 그런 수준을 논할 경지가 아니므로 해당사항 없음.) 가끔 '다시, 다시, 다시!'를 외치며 나를 무척 당황하게도 하셨지만 뼈 때리는 좋은 말씀도 많이 해주시고, 진도를 빨리 빼는 것보다 충분히 연습하고 앞으로도 돌아가서 또 복습하고 기반을 탄탄히 잡아야 나중에 편하다는 신조로 배우는 여유를 몸에 배게 해주셨다. 그래서 지금까지 조급해 하지 않고 배워 나갈 수 있게 된 것 같다.

문제는 성별이 다르고 나이도 있다 보니 몸을 쓰는 악기를 가르칠 때 필요한 자세 교정에 한계가 있다. 말로는 설명이 제대로 전달 안 되는 부분들이 있기 마련이고 그러면 손을 잡아서 모양을 잡아줘야 쉬운데 그게 여의치 않은 것. 어쩔 수 없이 그런 과정이 필요할 때면 선생님께선, "지금 제가 뭐, 선생님 손잡고 싶어서 이러는 거 아닙니다."라는 말씀을 굳이 하셨다. (결국 더 어색해짐) 그런데 나중에 만난 여자 선생님께서 왼손 모양을 잡아 주시는데 손가락 끝, 손가락 사이의 거리, 관절, 손목 등등을 다 잡아 주시느라 내 손을 거의 조물딱조물딱 주무르는 수준으로 만지는 걸 보고, 예전 남자 선생님이 그걸 못한 채 나를 이해시키느라 얼마나 힘드셨을지 짐작이 갔다. 옛 궁궐에서 어의가 중전마마의 손목을 잡지 못해 실로 묶어 실의 맥을 짚을 때의 답답함이 그와 비슷하려나.

세 번째 만난 제주시의 여자 선생님은 첼로를 전공하시고 대학원을 다니시는 분이신데, 이 분의 특징은 스케일(음계) 연습을 아주 중시한다는 것. 쉽게 말하면 '도레미파솔라시도, 도시라솔파미레도만 계속 긋는 거다. 50분 수업 동안 무려 20분이나 이 스케일에 투자했다. 그러다 보니 고질적으로 고쳐지지 않던 활 쓰는 법이나 왼손 운지법이 많이 개선됐다. 단순 노동처럼 느껴지는 스케일은 지겨워서 연습할 때도 그냥 해치우는 느낌으로 했는데 레슨 시간을 할애해서 하다 보니 열심히 하게 된다. 진도를 빨리빨리 나가야 배우는 학생들도 지루하지 않고 진도 빼는 재미도 있을 텐데, 어찌 됐건 선생님 입장에선 고객인 학생의 눈치 따위 보지 않고, 이렇게 하시는 게 보통 뚝심으론 안 되는 일이지 싶다. 그리고 어찌나 씩씩하고 화통하신지 내가 농담을 하면 '음핫핫핫'하고 크게 웃으신다. 그러면 질세라 나도 따라 웃고, 그러면 우리를 둘러싸고 있던 전통 악기들이 우르르르 울리며 다 같이 한 바탕 웃는다.

앞으로 얼마나 더 많은 스승을 모시게 될지 알 수 없으나 지금까지 만나 뵌 선생님들을 떠올리면 내가 스승 복은 있는 것 같다. 모두 좋으신 분들이다.

어릴 땐 뭘 배워도 정말 영혼 없이 저 사람은 저게 할 일이니까 생각하고 지겨워만 했는데, 이만큼 나이를 먹고 무얼 배워보니 마음이 다르다. 내가 가진 무언가를, 그것을 필요로 하는 사람에게 가르친다는 일이란, 자기 자신이 오랜 시간 어렵게 익혀 오고 터득한 것들을 아낌없이 고스란히 전해주는 일이다. 비록 돈을 받고 하는 일일지라도 자기 안의 것을 거듭 퍼내어 남에게 심어주는 일의 숭고함에 대해 생각해보게 된다.

어릴 때, 젊을 때 이런 기특한 생각을 했다면 나는 지금쯤 어떤 사람이 되어 있었으려나. 어쩌면 동네에 큰 인물 하나 났을 수도 있지 않을까. 아깝다, 아까워.

첼로라는 평생 친구

테이프를 뜯어낼 땐 (눈 질끈) 한 방에

현악기는 건반 악기와 달리 시각적으로 음계를 구분할 수 있는 방법이 없다. 첼로를 배우기 전에는 생각도 해보지 않았던 문제인데 막상 배우기 시작하고 보니 당황스러웠다. 표시가 전혀 없는데 어디가 '도'이고 어디가 '레'인지 어떻게 안단 말인가. (그렇다면 나는 음계가 정확히 구분되어 있는 피아노는 왜 그리 못 쳤던 거지? 갑자기 궁금하군.)

그래서 초보자들 악기에는 테이프를 붙여 음계

자리를 표시한다. 그리고 연습할 때마다 그 테이프 붙은 부분을 눈으로 확인하려니 상체를 자꾸 앞으로 굽히게 되어 자세도 나빠지고 목, 어깨도 많이 아팠다.

하루는 그런 나를 본 친구가 이런 말을 했다. 자기 동생의 친구는 전공자 수준으로 첼로를 하는데 아직도 그 테이프를 떼지 못했다고. 그리고 너무 오래 붙이고 있었더니 이제는 불안해서 뗄 수가 없다 했다고.

헉. 그것은 너무나 폼이 안 나잖아요.

나는 그때까진 테이프를 뗄 생각이 전혀 없었다. 이제 겨우 1, 2년 했는데 아직은 붙이고 있어도 되지 뭐. 이런 마음이었던 것 같다. 그렇다고 영원토록 붙이고 있을 생각도 아니었다. 언제 떼어 내긴 하겠지만, 그 '언젠가'는 아직 한참 먼 훗날의 일이라고 생각했던 것 같다.

그로부터 얼마 후, 제주에서 올라와 잠시 육지에서 두어 달 지내게 됐을 땐 첼로 운반이 너무 번거로워 악기를 대여하기로 했다. 성남시 문화재단에서는 시민들에게 한달에 만원에 클래식 악기를 대여해준다. (나도 시작하고 나서야 알게 됐지만 이제 마음만 먹으면 클래식 악기를 배우기 쉬운 세상이 됐다.) 인터넷으로 신청을 해두고 약속된 시간에 준비된 악기를 받으러 가기만 하면 된다. 감사한 마음으로 악기를 받아 집에 가져왔는데 그 악기에는 테이프가 붙어 있지 않았다.

음, 강제 테이프 반납.

이것은 마치 수영 초급반이 킥판을, 이제 막 자전거를 배우기 시작한 사람이 보조바퀴를 예고 없이 빼앗기는 것과도 같은 막막함이었다.

연주가 가능하기나 할까 생각하다가 에라 모르겠다 그냥 한 번 해보자 하는 마음으로 일단 시작했다. 그런데 웬걸. 연주를 시작하자 내 손가락이 알아서 움직이기 시작했다. 첼로에 음계 표시는 없지만 첫 번째 음정만 제대로 잡으면 그다음부터는 일정한 손가락의 간격으로 다음 음정을 잡을 수 있었다. 그러니 기준이 아예 없지는 않았던 셈. 침착하게 '레'가 여기니까 그렇다면 이만큼 손가락을 벌려 여기가 '미' 이런 식으로 한 발 한 발 음정을 찾을 수 있었다. 손가락 간격으로 자리를 찾고, 어차피 확인할 테이프가 안 붙어있으니 지판을 보려고 목을 앞으로 계속 꺾을 필요도 없었다.

자전거를 배울 때도 언젠가는 보조 바퀴를 떼고 뒤에서 잡아주던 사람이 나를 놓아 보내는 순간이 필요하다. 끔찍하게 무서운 순간이지만, 어쩌면 우리는 이미 한참 전부터 준비가 되어 있는지도 모른다. 혼자 비상하는 순간, 혹시라도 추락할까 봐 두려울 뿐. 하지만 그러면 또 뭐 어떠랴.

다시 일어나면 되지.

몇 번 넘어졌다 다시 일어나는 것이 평생 무거운 보조바퀴를 질질질 끌고 다니는 것보단 나을 것이다.

물론 이건 전적으로 개인의 선택이다. 첼로 지판의 테이프도, 자전거의 보조바퀴도 별로 거추장스럽지 않다고 느낀다면, 그 또한 존중한다.

하지만 나는, 비상하는 순간의 황홀함을 택하기로 했다.

내 첼로에 덕지덕지 붙어 있던 음계 표시 테이프를 떼어내며 또 한 번 깨달은 진리는 보낼 때가 된 것은 보내줘야 한다는 것이다. 그것이 너를 자유케 하리니. 나의 경우엔 지판에 붙은 테이프를 커닝하느라 앞으로 자꾸 꺾이던 목이 자유를 얻었다.

물론 보냈다가 아쉬우면 다시 부르면 된다. 나의 경우에도 테이프를 대여섯개 붙이고 있었던 걸 다

떼어냈다가 도저히 자신이 없어서 기준점이 되는 음에 하나만 다시 붙이기도 했고, 가끔 지판에서 많이 이동해야 하는 고음의 경우에는 연필로 쓱쓱 표시를 해두기도 한다.

분명한 것은 일단 한 번 보내 보기 전엔 내가 얼마나 준비가 되어 있는지 절대 알 수 없다는 것이다. 그러니 너무 오래 매달려 있지는 말자. 내가 나에게 기회를 주지 않는다면 누가 주려고 하겠는가.

첼로라는 평생 친구

지금 내 귀에 꽂은 것은요...

상황이나 기분을 가장 쉽게, 한방에 바꿀 수 있는 방법은 음악이다. 내겐 그렇다. 그날이 그날 같고 특별할 것 하나 없는 하루에도 음악을 트는 순간, 음표 하나하나, 노랫말 한 마디 한 마디에 순간순간이 특별해지고, 이상하게 불안하고 우울한 날에도 음악이 주위를 감싸는 순간 시공간의 빛깔과 온도가 바뀐다. 그럴 땐 마치 소리가 촉각으로 느껴지는 것 같기도 하다.

내 공간 네 공간의 존중 따위는 사라지는 만원 지하철 속에 서 있을 때는 이어폰을 귀에 꽂는 순간 모든 게 나름 견딜 수 있어진다. 귓속의 황홀함 때문에 다른 불편한 감각들에는 좀 무뎌진달까.

친구나 연인과 이어폰을 한 쪽씩 나눠 끼우는 낭만은 또 어떤가. 소리가 만든 비눗방울 같은 것에 우리 둘만 쌓여 두둥실 떠오르는 것 같은 기분. (에어팟을 쓰는 MZ세대 들은 잘 모르겠지만 줄 이어폰을 그렇게 나눠 꽂으면 둘이 꼭 붙어서 샴쌍둥이처럼 머리를 맞대고 걸어야 한다오.)

그래서 뚜벅이인 나는 늘 음악을 듣는 편이다. 클래식, 가요, 팝, 힙합, 재즈. 장르는 가리지 않는다.

문제는 너무 과도하게 듣는다는 것. 워낙 귓속을 음악으로 꽉 채우는 걸 좋아하는데 거리를 걸으며 음악을 들으면 거리의 소음 때문에 볼륨을 점점 더 높이게 된다. 옆에서 같이 걷던 딸이 "엄마, 음악 너무 크게 듣는 것 같아. 쾅쾅 울리는 소리가 여기까지 들려."라고 몇 번이나 경고했지만, 그게 그렇게 포기가 안 됐다. 그때 애 말을 들어야 했는데.

어느 날부턴가 오른쪽 귀가 울리기 시작했다. 사람들 말소리가 울려서 들리고, 귀에 물이 찼을 때처럼 먹먹한 느낌이 들거나 소리가 한 겹씩 쌓여 들리는 듯 소리가 또렷이 들리지 않는 증상이 시작됐다. 증상은 심해졌다 나아졌다 했는데 그 패턴을 분석해 본 결과, 심해지는 때는 첼로 연습을 하고 난 뒤였다. 증상이 나온 다음부터 오른쪽 귀에 이어폰은 아예 끼지 않았기 때문에 결국, 증상 유발의 주

범은 첼로였다.

이른 아침이나 저녁나절에 연습해야 할 때는 연습실을 빌려서 연습을 하는데, 그런 날이면 일단 연습실 비용으로 들어간 본전 생각에 더 열심히 하기도 하고, 평소 위아래 집 무서워 주눅 들어 살살 긋던 현을 분풀이하듯 그어댄다. 방음이 되는 좁은 연습실은 울림 또한 굉장하다. 결국 그게 화근이었던 모양이다.

급기야 불편감이 심해지면서 옆 사람의 말소리에도 귀가 왕왕 울려 댔다. 상대방이 얘기를 할 때면 지긋이 귀를 눌러 소리를 차단해야 하는 지경(지금 이 순간에도 본인이 말하는데 슬쩍 귀를 막고 있는 나를 보며 황당해 하던 얼굴들이 몇몇 스쳐 지나간다. 오해를 푸십시오.)까지 가고 나서야 나는 이비인후과를 찾았다. 이명이나 난청을 전문으로 보는 병원이었는데, 진단명은 저주파성 난청? 돌발성 난청의 사촌동생뻘 되는 증상으로 특정 저주파에만 귀가 울리는 증상이라고 했다. 결국 저음이 특히 문제라는 것인데, 첼로가 제일 먼저 떠올랐다. 다행히 첼로를 쉬라거나, 중단하라는 진단은 없었다. 대신 음악가용 귀마개가 있으니 첼로를 할 때나 시끄러운 곳에선 그걸 사용해 보라고 조언을 해주셨다. 전문 연주자들 중에도 그걸 사용하는 사람들이 꽤 된다면서. 참으로 없는 게 없는 세상일세.

증상이 시작된 후부터는 급한대로 시판 중인 3M 귀마개를 꽂고 첼로 연습을 했는데, 그런 음악가용 귀마개는 소리 자체의 볼륨은 줄이지 않고 귀에 불편감을 주는 특정 주파수의 음만 차단해 주는 기능이 있다고 했다. 값도 생각보다 괜찮았다. 저렴한 것은 만원에서부터 십만 원에 이르는 것까지 다양했다. 첼로를 중단할 필요도 없고, 고막이나 청각세포의 손상도 눈에 띄지 않으니 다행스러운 일이었다. 하지만 소음방지 귀마개를 배송받고 막상 귀에 꽂아보니 은근히 눈에 띄었다. 사람 심보라는 게... 병원에 가기 전에는 귀만 괜찮다면, 그래서 음악을 계속 듣고 첼로를 계속할 수만 있다면 다른 건 다 괜찮겠다 생각했는데, 막상 큰 이상이 없다는 얘기를 듣고 오니 다른 사람들의 시선이 신경이 쓰였다.

가뜩이나 전방위적 노화가 시작되어 남 일인 줄 알았던 새치 염색, 팔자 주름, 그리고 이제 밖에 나갈 때도 들고 다니게 된 돋보기를 나의 것으로 인정하는 것도 쉽지 않은데. 이제는 보청기(처럼 보이는 사실상 귀마개)까지 끼고 다녀야 한다고? 그렇다고 만나는 사람마다 붙잡고 '이게 잘 들리게 하는 보청기가 아니라 저주파성 소리를 막아주는 귀마개거든요.'라고 설명할 순 없는 노릇.

일단은 언젠가는 완전히 좋아질 수도 있을 거라 믿으며 내가 할 수 있는 것들을 해보기로 했다.

1번, 이어폰과의 이별. 중학교 1학년 때 독서실에서 (하라는 공부는 안 하고) '별밤'을 듣고 워크맨으로 테이프를 들을 때부터 CD 플레이를 거쳐 지금의 스마트폰에 이르기까지 귀에 이어폰을 꽂고 살았으니 나의 기쁨을 위해 내 귀가 30여 년 넘게 혹사당하기는 했다. 그 노고를 인정하고 이어폰으로부터 은퇴를 시켜주기로 했다.

2번, 울림이 크고 첼로도 더 세게 긋게 되는 연습실 포기.

3번, 첼로 연습을 할 때는 음악가용 귀마개를 꽂고 보호 차원에서 그 위에 헤드폰도 하나 쓰기.

4번, 3M 귀마개를 휴대하고 다니며 시끄럽거나 소리가 많이 울리는 곳에서는 귀에 꽂기.

그렇다. 사십 대 후반부터 보청기(같은 것)을 낀 여자가 되기보단 차라리 일반 생활 소음도 참을 수 없어 형광 노란색 귀마개를 꽂는 까칠한 인간이 되는 쪽을 선택했다. 생각해 보면 이런 귀마개는 요즘

핫한 노이즈캔슬링 이어폰의 원조 아닌가. 충전할 필요도 없고 값도 착하고.

다른 건 다 괜찮은데 이어폰은 많이 아쉽다. 일단은 고막의 건강을 위해, 그리고 첼로를 그만둘 순 없기에 이어폰을 포기했지만, 언젠가는 꼭 회복되어 언제 어디서나 나의 귓속에만 가득 음악을 채워주던 이어폰을 복직시킬 수 있길 간절히 바란다.

첼로라는 평생 친구

말하는 대로 ('두 첼로스' 출범기)

지금으로부터 십여 년 전, <무한도전> 서해안 고속도로 가요제에서 유재석과 이적은 노래했다.

"말하는 대로 될 수 있다고 그대 믿는다면.

도전은 무한히 인생은 영원히, 말하는 대로."

내 경험에 비춰 볼 때, 말하는 대로 되지 않는 경우가 더 많긴 하다. 하지만 아무래도 말을 많이 하고 다니면 안 하는 것에 비해선 기회도 더 생기고 도움을 주는 사람도 더 많이 만나게 되기도 한다.

첼로를 하고 싶다고 만나는 사람들에게 다 얘기하고 다녔더니 추진력 좋은 친구가 학원을 알아보고 이끌어주었고, 좋은 친구와 같이 악기를 배우기 시작하니 배우는 과정에서의 어려움이나 고민들을 의논할 수 있다. 무엇보다 좋은 건 둘이 함께 하니 자꾸 뭔가 새로운 도전을 도모할 의욕도 용기도 계속 생긴다.

둘이 첼로를 시작한 뒤엔 친구에게 자주 말했다. 우리 열심히 배워서 투 첼로스 같은 첼로 듀오가 되자고. 그럼 우리는 우리말로 '두 첼로스'로 활동하면 되겠다고. '두'는 우리말로 '두 사람'의 의미이기도 하고, 'Just Do It'처럼 무작정 하고 보자라는 영어의 'do'이기도 하다.

레슨을 받다가 선생님께도 우리의 야무진 꿈을 말씀드렸다. "선생님, 저희 나중에 듀엣 앙상블도 할 거예요. 벌써 이름도 지었어요!"

웃으시라고 그냥 한 말이었는데 선생님께선

"어머 그래요?" 하시더니 바로 그 자리에서 가방을 뒤져 '에델바이스' 합주 악보를 꺼내 주셨다. 가르치는 아이들이 연습하는 곡인데 두 분이 한 번 해 보라며. (역시, '생각'을 '말'로 꺼내 놓으면 예상치 못 했던 '행동'으로 이어진다.)

학원에서 바로 악보를 한 부 더 복사했고, 그날 당장 '두 첼로스'가 출범했다. 파트를 나누고, 활의 진행 방향을 통일하고, 템포를 정하고. 언제까지 파트별 연습을 해서 다시 만나기로 했다.

대망의 합주 날, 우리는 오케스트라 단원처럼 검은색 옷으로 맞춰 입고, 당시는 코로나 시국이었기에 마스크도 검은색으로 맞춰 쓰고 학원 연습실에서 만났다. (그런 모습 때문에 잠시 듀오 이름을 '복면 첼로'나 '자객 첼로'로 바꿀까도 했지만 매우 유치하다는 주변의 만류로 참았다.)

합주를 하는 김에 모니터링을 위해 영상을 찍었는데, 기왕 찍은 김에 <동갑내기 첼로 성장기>를 유튜브에 올려 보기로 했다. 한 사람씩 돌아가며 자꾸 틀려서 여러 번 찍다 보니 NG영상이 많이 생겼다.

그런데 미숙한 연주 영상보다는 낄낄대며 계속 틀리는 NG영상이 더 재미있어서(물론 우리만 재미있는 걸 수도 있다. 보는 이들은 짜증 날 수도) NG도 함께 편집해서 업로드하기로 했다. 유튜브에 연주 고수들은 많지만 우린 꾸준히 발전해 나가는 첼로 성장기에 방점을 찍기로 했다. 그러자니 생전 할 일 없을 줄 알았던 유튜브 영상 업로드의 모든 것을 또 공부해야 했다. 유튜브 영상 올리는 법을 가르쳐주는 유튜버들이 있는데 그중에 구독자를 아예 '엄마'라고 부르며 딸이 (바보) 엄마에게 가르쳐주듯 누구나 알아듣기 쉽게 잘 가르쳐주는 분이 있어 큰 도움을 받았고, 덕분에 첫 번째 합주 영상 업로드에 성공했다.

첼로는 이렇게 내 인생의 지평을 계속 넓혀주고

있다. 첼로를 시작하지 않았다면 내가 이 나이에 유튜브 채널을 만들 일이 있었을까? 영상을 편집하고 자막을 넣고 업로드하는 법을 배웠을까?

사람들이 무언가를 처음 새로 배울 때는 그 시대의 모든 것을 함께 배우게 되는 것 같다. 나는 무언가를 왕성하게 배우고 흡수하던 나의 십 대, 이십 대 시절의 방식대로 지금까지 살아가는 경향이 있고, 새로운 문물 흡수에도 기민하지 않은 편이다. 그런데 2020년대에 첼로를 배우니 그 시대의 방식을 함께 배우고 활용하게 되는 것 같다. (유튜버가 됐고, 줌으로 친구와 합주를 하고, 편집 앱으로 두 영상을 합하는 기술적인 면도 어쩔 수 없이 배우게 된다.) 이렇게 첼로는 나를 이 시대에 적극적인 일원으로 살아가게 해 준다.

뿐만 아니라 늦은 나이에 새로 입문한 취미가 있다는 건, 내게 아직 올라갈 일이 많이 남았음을 의미한다. 첼로를 시작한 지 이제 겨우 3년, 아직 갈 길이 멀다. 그만큼 내가 발전할 가능성도 무한하다 (지금 바닥이기에). 노화가 시작된 나이에 나의 첼로 성장판은 활짝 열린 것!

역시, 노랫말 틀린 거 하나 없다.

'도전은 무한히, 인생은 영원히, 말하는 대로.'

에필로그, 후기

에필로그

이제야 아주 조금 알 것 같아요

첼로를 시작한 지 어느새 4년이 됐다. 첼로를 하며 생긴 일들을 그때그때 써보았으니, 이 책은 첼로를 처음 만난 순간부터 지금까지 내가 살아온 지난 4년의 기록이기도 하다. 그 사이 첼로 외적으로도 크고 작은 많은 일들이 있었고, 첼로가 내 인생의 전부라고는 결코 말할 수 없다. 하지만 좋은 동반자를 하나 더 얻은 것만은 확실하다.

첼로를 한다고 힘든 일이 덜 힘들어지진 않았다.

하지만 그런 일들을 잊기는 좀 더 쉬웠다. 늘 연습해야 했으므로 삶이 무료할 틈도 없었다. 프리랜서 특성상 일이 끊기는 두려움과 불안은 늘 안고 살아왔는데 이제는 한동안 일이 끊겨도 첼로를 마음껏 연습할 수 있겠다 싶어 그 또한 괜찮다.

그러고 보니 첼로를 연주하는 시간은 내게 육신이 아닌 정신이 산책하는 시간 같다.

물론 늘 좋기만 한 건 아니다.

'재능도 없고, 잘 못 하는데도 재미있는 일은 처음이에요!'라는 말을 달고 살 만큼 첼로를 생각하면 마냥 행복하기만 했는데, 요즘 들어 부쩍 뜻대로 잘 안 되어 답답하기도 하고, 뭐가 어디서부터 잘못 됐는지, 어떻게 개선해야 할지 알 수 없어 막막하기도 하다. 예전엔 연습만 하면 언젠가 잘하게 되겠지 생각했는데 이제는 연습만으로는 개선이 보장되지 않는 부분도 있다는 사실에 좌절하기도 한다.

 영국의 시인 알렉산더 포프는 비평론에 이렇게 썼다.

 '아주 조금 아는 것은 위험하다. 깊이 마시지 않을 거라면 피에리아 샘물을 아예 마시지 않는 편이 낫다. 얕은 한 모금은 뇌를 취하게 하지만 충분히 마시면 정신은 다시 맑아지리라.'

 그렇다면 그동안 나는 겨우 한 모금만 맛보고 첼로를 한다는 기분에 '취해'있었는지도 모르겠다. 첼로를 시작했다는 것만으로 행복해 하고, 겨우 연주 비슷한 걸 흉내나 내던 시기를 통과해서, 이제는 내 소리에 대해 정말 진지하게 고민하고, 뜻대로 소리를 내주지 않는 첼로와 치열하게 싸우기도 하며 '진짜' 연주를 위한 여정에 오른 것인지도.

 어쩌면 요즘 내가 느끼는 답답함과 좌절감은 이

제야 첼로를 제대로 알기 시작했기 때문일 수도 있다. 하지만 기왕에 물을 마시기 시작한 이상 적당히 목만 축이고 돌아서고 싶진 않다.

그러니, 첼로와 나의 진짜 이야기는 이제부터 시작인지도 모르겠다.

후기

인생의 곡선이 꺾이기 시작하는 사십 대 후반.

완만한 곡선이든 급격한 직선이든 내려가는 일은 쓸쓸하다. 백세시대가 되면서 이제는 너무나도 긴 여정이 된 그 내리막길이 쓸쓸하지만은 않게, 충분히 새롭고 설렐 수 있도록, 어린 시절 막연한 꿈을 취미로 시작하게 됐다. 건강을 위해서, 원한만 사회생활을 위해서가 아닌, 오직 '하고 싶어서'라는 이유 하나만으로 시작한 취미였다.

취미는 참 좋은 것.

영원을 약속했던 사람에게는 버림을 받기도 하고, 직장에서는 잘리기도 하지만, 취미는 내가 먼저 질려서 버리지 않는 한 나를 버리지 않는다.

새로운 취미를 만든다는 것은 세상을 향해 새로운 문을 하나 더 여는 것이기도 하고, 아무도 빼앗아 갈 수 없는 나만의 비밀의 방을 갖게 되는 일이기도 하다는 걸, 나는 첼로를 시작하고 알게 됐다.

감히 내 것이 아닌 것 같았던 악기를 내 것으로 만들어준 나의 첼로 동반자 SY, 취미라고 가벼이 여기는 법 없이 내 소리를 예민하게 듣고 진심을 다해 가르쳐 주시는 나의 선생님, 부족한 나를 동료로 존중해주고 격려해주는 앙상블 팀원들에게 언제나 고마운 마음이다.

마지막으로,
별볼일 없는 흔한 글을 특별하게 만들어준,
나의 전속 아마추어 삽화가(?),
나의 남편에게 고마움을 전하며.

2024. 12월

김현수

이 나이에

기어이

첼로를 하겠다고

초판 1쇄 발행 2024년 12월 31일

지은이　김현수

펴낸곳　도서출판 고고와 디디

이메일　gogondidibooks@gmail.com

인스타그램　@gogondidi

ISBN　979-11-990652-0-8

*이 책의 내용 일부 또는 전부를 재사용하려면 저작자의 동의를 받아야 합니다.